BuddhAll

BuddhAll.

All is Buddha.

BuddhAll

佛菩薩經典系列 03

普賢菩薩經典

佛菩薩經典的出版因緣

佛菩薩經典的出版，帶給我們許多的法喜與希望。因為透過這些經典的導引，將使我們了悟佛菩薩的偉大聖德，不只能讓我們得到諸佛菩薩的慈光佑護，更能令我們吉祥願滿。最重要的是使吾等能隨學於彼，以他們作為生命的典範，學習他們偉大的生涯，成就佛智圓滿。

佛菩薩經典的集成，是秉持對諸佛菩薩的無上仰敬，祈望將他們的慈悲、智慧、聖德、本生及修證生活，完滿的呈現在真正修行的佛子之前。使皈依於他們的人，能夠擁有一本隨身指導修行的經典匯集，能時時親炙於他們的法身智慧；讓大家就宛如隨時擁有一座諸佛菩薩專屬的教化殿堂，完成「生活即佛經、佛經即生活」的希望。現在，我們將這一個成果，供養給這些偉大的佛菩薩，也將之呈獻給所有熱愛佛典的大眾。

為了讓大家能迅速的掌握經典的義理，此套佛典全部採用新式分段、標點，使讀者能事半功倍的總持佛心妙智；並在珍貴的生命旅程中，迅速掌握到幸福與光明的根源。

我們希望這一套書，能使大家很快地親見諸佛菩薩的真實面貌，將他們成為我們人生中最親切的導師。在歡樂幸福的時候，激勵大家不要放逸，精進修行，在憂鬱煩惱的時候，使大家獲得安寧喜悅；更重要的是幫助我們解脫自在，得到清淨的智慧光明。而我們更應當學習諸佛菩薩的大悲願力，成為無盡的燈明，並依止他們的威神加持，用慈悲與智慧來幫助一切眾生。

學習諸佛菩薩，使我們成為他們的使者；這個心願，是我們一直想推行的運動。或許有人會質疑：自己有什麼樣的資格，來成為佛菩薩的使者，甚至化身呢？但是，大乘佛法的根本，即是要我們發起菩提心，學習諸佛菩薩救度眾生的妙行。因此，菩薩的發心，首先是依止「眾生無邊誓願度，煩惱無盡誓願斷，法門無量誓願學，佛道無上誓願成」等共同的誓願，然後再依個別的因緣，發起不共的大願；這本來就是最根本的行持而已。而且這樣的發心，是任何人都可以也應該發起的，絕沒有條件與境界的限制。

所以，我們學習諸佛菩薩，當然初始時，根本無法如他們擁有廣大的慈悲、智慧。但是，我們可以學習成為他們的使者，成為他們百分之一、千分之一、萬分之一，乃至億萬分之一的化身；這樣還是可以立即發心，開始修習菩薩行的。只有當下立即發心開始修習，才是真正的開始啊！這是不需要任何預備動作的；開始時請立即開始，我們現在就成為無數分之一的佛菩薩，讓我們在這個充滿強而有力的科技文明，卻又十分混亂的世界中，幫助大家，也幫助自己吧！

這次佛菩薩經集編輯成十本，首先選擇與大家因緣深厚的佛菩薩，讓我們歡喜親近、體悟修習。這十本是：

一、阿彌陀佛經典

二、藥師佛・阿閦佛經典

三、普賢菩薩經典

四、文殊菩薩經典
五、觀音菩薩經典
六、地藏菩薩經典
七、彌勒菩薩·常啼菩薩經典
八、維摩詰菩薩經典
九、虛空藏菩薩經典
十、無盡意菩薩·無所有菩薩經典

我們希望透過這些經典的導引，能讓我們體悟諸佛菩薩的智慧悲心，也讓我們向彼等學習，使我們成為與阿彌陀佛、藥師佛、阿閦佛、觀音菩薩、文殊菩薩、普賢菩薩、地藏菩薩等同見同行的人。隨著自己的本願發心，抉擇一位佛菩薩學習，然後不斷增長，到最後迅速與諸佛菩薩完全相應，成為他們圓滿的化身，同一無二，成就佛智菩提，並使所有的眾生圓滿成佛。

凡例

一、關於本系列經典的選取，以能彰顯該佛或菩薩之教化精神為主，以及包含各同經異譯本，期使讀者能迅速了解諸佛菩薩之教法。

二、本系列經典選取之經文，以卷為單位；若是選取的經文為某卷中的一部分時，本系列經典仍保留卷題與譯者名，而其省略的部分，不再作說明及校勘。

三、本系列經典係以日本《大正新修大藏經》（以下簡稱《大正藏》）為底本，而以宋版《磧砂大藏經》（新文豐出版社所出版的影印本，以下簡稱《磧砂藏》）為校勘本，並輔以明版《嘉興正續大藏經》與《大正藏》本身所作之校勘，作為本系列經典之校勘依據。

四、《大正藏》有字誤或文意不順者，本系列經典校勘後，以下列符號表示之：

㈠改正單字者，在改正字的右上方，以「*」符號表示之。如《藥師琉璃光七佛本願功德經》卷上的經名：

藥師琉「瑠」光七佛本願功德經卷上《大正藏》

藥師琉「璃」光七佛本願功德經卷上《磧砂藏》

校勘改作為：

藥師琉*璃光七佛本願功德經卷上

(二)改正二字以上者，在改正之最初字的右上方，以「*」符號表示之，並在改正之最末字的右下方，以「☆」符號表示之。

如《阿閦佛國經》卷上〈阿閦佛剎善快品〉之中：

其地行足蹈其上即「滅這」，舉足便還復如故《大正藏》

其地行足蹈其上即「陷適」，舉足便還復如故《磧砂藏》

校勘改作為：

其地行足蹈其上即*陷適☆，舉足便還復如故

五、《大正藏》中有增衍者，本系列經典校勘刪除後，以「①」符號表示之，其

中圓圈內之數目，代表刪除之字數。

如《大寶積經》卷二十〈往生因緣品〉之中：

於「彼彼佛剎」隨樂受生《大正藏》

於「彼佛剎」隨樂受生《磧砂藏》

校勘改作為：

於彼①佛剎隨樂受生

六、《大正藏》中有脫落者，本系列經典校勘後，以下列符號表示之：

㈠脫落補入單字者，在補入字的右上方，以「◎」符號表示之。

如《佛說無量清淨平等覺經》卷二之中：

如帝王雖於人中「好無比」，當令在遮迦越王邊住者《大正藏》

如帝王雖於人中「獲好無比」，當令在遮迦越王邊住者《磧砂藏》

校勘改作為：

如帝王雖於人中◎獲好無比，當令在遮迦越王邊住者

㈡脫落補入二字以上者，在補入之最初字的右上方，以「◎」符號表示之；並在補入之最末字的右下方，以「☆」符號表示之。

如《佛說無量壽經》卷上之中：

乃至三千大千世界「衆生緣覺」，於百千劫悉共計挍《大正藏》

乃至三千大千世界「衆生悉成緣覺」，於百千劫悉共計挍《磧砂藏》

校勘改作為：

乃至三千大千世界衆生◎悉成☆緣覺，於百千劫悉共計挍

㈢有脫落字而無校勘者，以「□」符號表示之。

如《藥師如來念誦儀軌》之中：

令　又令須蓮臺《大正藏》

《磧砂藏》無此經，而《大正藏》之校勘中，除原藏本外，並無他本藏經之校勘；故為標示清楚，特作為：

令□又令須蓮臺

七、本系列經典依校勘之原則，而無法以前面之各種校勘符號表示清楚者，則以「㊟」表示之，並在經文之後作說明。

八、《大正藏》中，凡不影響經義之正俗字（如：恆、恒）、通用字（如：蓮「華」、蓮「花」）、音譯字（如：目「犍」連、目「乾」連）等彼此不一者，本系列經典均不作改動或校勘。

九、《大正藏》中，凡現代不慣用的古字，本系列經典則以教育部所頒行的常用字取代之（如：讃→讚），而不再詳以對照表說明。

十、凡《大正藏》經文內本有的小字夾註者，本系列經典均以小字雙行表示之。

十一、凡《大正藏》經文內之咒語，其斷句以空格來表示。若原文上有斷句序號而未空格時，則本系列經典均於序號之下，加空一格；但若作校勘而有增補空格或刪除原文之空格時，則仍以「⊙」、「①」符號校勘之。又原文若無序號亦未斷句者，則維持原樣。

十二、本系列經典之經文，採用中明字體，而其中之偈頌、咒語及願文等，皆採用正楷字體。另若有序文或作註釋說明時，則採用仿宋字體。

十三、本系列經典所作之標點、分段及校勘等，以儘量順於經義為原則，來方便讀者之閱讀。

普賢菩薩經典序

普賢菩薩（梵名Samantabhadra 三曼陀跋陀羅，漢譯為普賢或遍吉），代表一切諸佛的理德與定德，與文殊菩薩的智德、證德是相對的，他們並為釋迦牟尼佛的兩大脇侍。文殊騎獅、普賢乘象，表示理智相即，行證相應，展現了毘盧遮那如來法身之德。

普賢菩薩是大乘菩薩的代表，象徵著究極的大乘精神。《大日經疏》說：「普賢菩薩者，普是遍一切處，賢是最妙善義。謂菩提心所起願行及身、口、意，悉皆平等遍一切處；純一妙善，具備衆德，故以為名。」在《華嚴經》中，更以普賢行代表一切菩薩大慈大悲的行事。

所以在《楞嚴經》中，普賢菩薩自述其德曰：「我正當與恒沙如來為法王子，十方如來教其弟子菩薩根者，修普賢行。」而在《華嚴經》中，又明一切佛法歸於毘盧遮那如來及文殊、普賢二大士，稱之「華嚴三聖」。並以普賢菩薩為一切菩薩行德的本體。

普賢菩薩在華嚴會上，廣說十大願行，以明菩薩發心：一者、禮敬諸佛，二者、稱讚如來，三者、廣修供養，四者、懺悔業障，五者、隨喜功德，六者、請轉法輪，七者、請佛住世，八者、常隨佛學，九者、恆順眾生，十者、普皆迴向。此十大願王又稱為普賢願海，代表一切菩薩的行願；所以總稱菩薩的發心修行，為入普賢願海。

普賢菩薩亦主一切三昧，與文殊菩薩的般若又成一雙法門。《華嚴經探玄記》中說：「普賢三昧自在，文殊般若自在。」即明示此理。

再者「法華三昧」又稱「普賢三昧」，以普賢菩薩於法華會上，誓言將於法華三昧道場，現身守護安慰法華行者。他在《法華經》〈普賢勸發品〉說：「是人若行若立，讀誦此經，我爾時乘六牙白象王，與大菩薩俱詣其所，而自現身供養守護，安慰其心。」可見其特有的功德。

普賢菩薩的法身遍於一切，所以總攝三世諸佛的法身，又名普賢法身。《華嚴經》中說普賢身相猶如虛空，即為此意。而其應身，則普應十方作一切方便。所以，我們亦可說普賢應身，乃為十方三世一切諸佛的應身。因此其功德巍巍，普於一切佛剎中示現，於一切世間中安住、教化。

普賢菩薩從過去無量劫來勸修菩薩行，專求菩提，不惜悉頭目腦髓、肢節血肉等一切內外諸物，以大悲心教化眾生，從不休息，乃能得到清淨妙色，無比第一；並於一切三昧自在，普於無邊佛剎示現，遍入一切法門。其功德實難稱述，可說是大乘菩薩道的典範。

為了彰顯普賢菩薩的偉大功德，也希望深切仰信大行普賢菩薩的佛子大眾，能夠隨學於他，迅速總持普賢菩薩的教法。所以，我們特別將普賢菩薩的相關重要經典，編輯成為一冊，期使大家能夠迅速的理解、受持。並使所有的修行人，能隨時攜帶這一本經集，做為隨身的修證聖典。讓我們在任何時地，都能憶念普賢菩薩的大行；使我們在困頓時有所依止，煩惱時能飲下清涼的法語甘露，平順時能惕勵精進，修持時具足光明的導引。使總持三世諸佛的普賢法身，隨時隨地供奉在我們的心中，加持我們具足悲心、智慧，並圓滿一切大願。

南無普賢菩薩摩訶薩

目錄

大方廣佛華嚴經

普賢三昧品　普賢行品

十定品　入法界品

大方廣佛華嚴經卷第七

于闐國三藏實叉難陀奉　制譯

普賢三昧品第三

爾時，普賢菩薩摩訶薩於如來前，坐蓮華藏師子之座，承佛神力入于三昧。此三昧名：一切諸佛毘盧遮那如來藏身，普入一切佛平等性，能於法界示眾影像，廣大無礙同於虛空，法界海漩靡不隨入，出生一切諸三昧法，普能包納十方法界；三世諸佛智光明海皆從此生，十方所有諸安立海悉能示現；含藏一切佛力解脫諸菩薩智，能令一切國土微塵普能容受無邊法界；成就一切佛功德海，顯示如來諸大願海；一切諸佛所有法輪，流通護持，使無斷絕。如此世界中，普賢菩薩於世尊前入此三昧：如是盡法界、虛空界，十方三世，微細無礙，廣大光明，佛眼所見、佛力能到、佛身所現一切國土，及此國土所有微塵，一一塵中有世界海微塵數佛剎，一一剎中有世界海微塵數諸佛，一一佛前有世界海微塵數普賢菩薩，皆亦入此一切諸佛毘盧遮那如來藏身三昧。

爾時，一一普賢菩薩，皆有十方一切諸佛而現其前。彼諸如來同聲讚言：「善哉！善哉！善男子！汝能入此一切諸佛毘盧遮那如來藏身菩薩三昧。佛子！此是十方一切諸佛共加於汝，以毘盧遮那如來本願力故，亦以汝修一切諸佛行願力故。所謂：能轉一切佛法輪故，開顯一切如來智慧海故，普照十方諸安立海悉無餘故，令一切眾生淨治雜染得清淨故，普攝一切諸大國土無所著故，深入一切諸佛境界無障礙故，普示一切佛功德故，能入一切諸法實相增智慧故，觀察一切諸法門故，了知一切眾生根故，能持一切諸佛如來教文海故。」

爾時，十方一切諸佛，即與普賢菩薩摩訶薩能入一切智性力智，與入法界無邊量智，與成就一切佛境界智，與知一切世界海成壞智，與知一切眾生界廣大智，與住諸佛甚深解脫無差別諸三昧智，與入一切菩薩諸根海智，與知一切眾生語言海轉法輪辭辯智，與普入法界一切世界海身智，與得一切佛音聲智。如此世界中如來前，普賢菩薩蒙諸佛與如是智；如是一切世界海，及彼世界海一一塵中，所有普賢悉亦如是。何以故？證彼三昧法如是故。是時，十方諸佛各舒右手，摩普賢菩薩頂。其手皆以相好莊嚴，妙網光舒，香流焰發。復出諸佛種種妙音，及以自在神通之事：過、現、未來一切菩薩普賢願海，一切如來清淨法輪，及三世佛所有影像，皆於中現。如此世界中，普賢菩薩為十方佛所共摩頂；如是，一切世界海，及彼世界海一一塵中，所有普賢悉亦如是，為十方佛之所摩頂。

爾時，普賢菩薩即從是三昧而起。從此三昧而起時，即從一切世界海微塵數三昧海門起。所謂：從知三世念念無差別善巧智三昧門起，從知三世一切法界所有微塵三昧門起，從現三世一切佛剎三昧門起，從現一切眾生舍宅三昧門起，從知一切眾生心海三昧門起，從知一切眾生各別名字三昧門起，從知十方法界處所各差別三昧門起，從知一切微塵中各有無邊廣大佛身雲三昧門起，從演說一切法理趣海三昧門起。普賢菩薩從如是等三昧門起時，其諸菩薩一一各得世界海微塵數三昧海雲、世界海微塵數陀羅尼海雲、世界海微塵數諸法方便海雲、世界海微塵數辯才門海雲、世界海微塵數修行海雲、世界海微塵數普照法界一切如來功德藏智光明海雲、世界海微塵數一切如來諸力智慧無差別方便海雲、世界海微塵數一切如來一一毛孔中各現衆刹海雲、世界海微塵數一一菩薩示現從兜率天宮沒下生成佛轉正法輪般涅槃等海雲。如此世界中，普賢菩薩從三昧起，諸菩薩衆獲如是益；如是一切世界海，及彼世界海所有微塵，一一塵中悉亦如是。

爾時，十方一切世界海以諸佛威神力，及普賢菩薩三昧力故，悉皆微動。一一世界衆寶莊嚴，及出妙音演說諸法。復於一切如來衆會道場海中，普雨十種大摩尼王雲。何等為十？所謂：妙金星幢摩尼王雲、光明照耀摩尼王雲、寶輪垂下摩尼王雲、衆寶藏現菩薩像摩尼王雲、稱揚佛名摩尼王雲、光明熾盛普照一切佛刹道場摩尼王雲、光照十方種種變化摩尼王雲、稱讚一切菩薩功德摩尼王雲、如日光熾盛摩尼王雲、悅意樂音周聞十方摩尼王雲。普雨如是十種大摩尼王雲已，一切如來諸毛孔中咸放光明，於光明中而說頌言：

普賢遍住於諸剎，坐寶蓮華眾所觀，一切神通靡不現，無量三昧皆能入。
普賢恒以種種身，法界周流悉充滿，三昧神通方便力，圓音廣說皆無礙。
一切剎中諸佛所，種種三昧現神通，一一神通悉周遍，十方國土無遺者。
如一切剎如來所，彼剎塵中悉亦然，所現三昧神通事，毘盧遮那之願力。
普賢身相如虛空，依真而住非國土，隨諸眾生心所欲，示現普身等一切。
普賢安住諸大願，獲此無量神通力，一切佛身所有剎，悉現其形而詣彼。
一切眾海無有邊，分身住彼亦無量，所現國土皆嚴淨，一剎那中見多劫。
普賢安住一切剎，所現神通勝無比，震動十方靡不周，令其觀者悉得見。
一切佛智功德力，種種大法皆成滿，以諸三昧方便門，示己往昔菩提行。
如是自在不思議，十方國土皆示現，為顯普入諸三昧，佛光雲中讚功德。

爾時，一切菩薩眾皆向普賢合掌瞻仰，承佛神力，同聲讚言：

從諸佛法而出生，亦因如來願力起，真如平等虛空藏，汝已嚴淨此法身。

一切佛剎衆會中，普賢遍住於其所，功德智海光明者，等照十方無不見。
普賢廣大功德海，遍往十方親近佛，一切塵中所有剎，悉能詣彼而明現。
佛子我曹常見汝，諸如來所悉親近，住於三昧實境中，一切國土微塵劫。
佛子能以普遍身，悉詣十方諸國土，衆生大海咸濟度，法界微塵無不入。
入於法界一切塵，其身無盡無差別，譬如虛空悉周遍，演說如來廣大法。
一切功德光明者，如雲廣大力殊勝，衆生海中皆往詣，說佛所行無等法。
為度衆生於劫海，普賢勝行皆修習，演一切法如大雲，其音廣大靡不聞。
國土云何得成立？諸佛云何而出現？及以一切衆生海，願隨其義如實說。
此中無量大衆海，悉在尊前恭敬住，為轉清淨妙法輪，一切諸佛皆隨喜。

大方廣佛華嚴經卷第四十

于闐國三藏實叉難陀奉　制譯

十定品第二十七之一

爾時，世尊在摩竭提國阿蘭若法菩提場中始成正覺，於普光明殿入剎那際諸佛三昧，以一切智自神通力現如來身，清淨無礙，無所依止，無有攀緣，住奢摩他最極寂靜，具大威德無所染著，能令見者悉得開悟，隨宜出興不失於時，恒住一相所謂無相。與十佛剎微塵數菩薩摩訶薩俱，靡不皆入灌頂之位，具菩薩行，等于法界無量無邊，獲諸菩薩普見三昧，大悲安隱一切衆生，神通自在同於如來，智慧深入演真實義，具一切智降伏衆魔，雖入世間心恒寂靜，住於菩薩無住解脫。其名曰：金剛慧菩薩、無等慧菩薩、義語慧菩薩、最勝慧菩薩、常捨慧菩薩、那伽慧菩薩、成就慧菩薩、調順慧菩薩、大力慧菩薩、難思慧菩薩、無礙慧菩薩、增上慧菩薩、普供慧菩薩、如理慧菩薩、善巧慧菩薩、法自在慧菩薩、法慧菩薩、寂靜慧菩薩、虛空慧菩薩、一相慧菩薩、善慧菩薩、如幻慧菩薩、廣大慧菩薩、勢力慧菩薩、世間慧菩薩、佛地慧菩薩、真實慧菩薩、尊勝慧菩薩、智光慧菩薩、無邊慧菩薩、念莊嚴菩薩、達空際菩薩、性莊嚴菩薩、甚深境菩薩、善解處非處菩薩、大光明菩薩、常光明菩薩、了佛種菩薩、心王菩薩、一行菩薩、常現神通菩薩、智慧芽菩薩、功德處菩薩、法燈菩薩、照世菩薩、持世菩薩、最安穩菩薩、最上菩薩、無上菩薩、無比菩薩、超倫菩薩、無礙行菩薩、光明焰菩薩、月光菩薩、一塵菩薩、堅固行菩薩、霔法雨菩薩、最勝幢菩薩、普莊嚴菩薩、智眼菩薩、法眼菩薩、慧雲菩薩、總持王菩薩、無住願菩薩、智藏菩薩、心王菩薩、內覺慧菩薩、住佛智菩薩、陀羅尼勇健力菩薩、持地力菩薩、妙月菩薩、須彌頂菩薩、寶頂菩薩、普光照菩薩、威德王菩薩、智慧輪菩薩、大威德菩薩、大龍相菩薩、質直行菩薩、不退轉菩薩、持法幢菩薩、無忘失菩薩、攝諸趣菩薩、不思議決定慧菩薩、遊戲無邊智菩薩、無盡妙法藏菩薩、智日菩薩、法日菩薩、智藏菩薩、智澤菩薩、普見菩薩、不空見菩薩、金剛通菩薩、金剛智菩薩、金剛焰菩薩、金剛慧菩薩、普眼菩薩、佛日菩薩、持佛金剛祕密義菩薩、普眼境界智莊嚴菩薩，如是等菩薩摩訶薩十佛剎微塵數，往昔皆與毘盧遮那如來同修菩薩諸善根行。

爾時，普眼菩薩摩訶薩承佛神力從座而起，偏袒右肩，右膝著地，合掌白佛言：「世尊！我於如來、應、正等覺，欲有所問，願垂哀許。」

佛言：「普眼！恣汝所問，當為汝說，令汝心喜。」

普眼菩薩言：「世尊！普賢菩薩及住普賢所有行願諸菩薩眾，成就幾何三昧解脫，而於菩薩諸大三昧或入、或出、或時安住？以於菩薩不可思議廣大三昧善入出故，能於一切三昧自在神通變化無有休息？」

佛言：「善哉！普眼！汝為利益去、來、現在諸菩薩眾而問斯義。普眼！普賢菩薩今現在此，已能成就不可思議自在神通，出過一切諸菩薩上，難可值遇，從於無量菩薩行生，菩薩大願悉已清淨，所行之行皆無退轉，無量波羅蜜門、無礙陀羅尼門、無盡辯才門皆悉已得，清淨無礙，大悲利益一切衆生，以本願力盡未來際而無厭倦。汝應請彼，彼當為汝說其三昧自在解脫。」

爾時，會中諸菩薩衆聞普賢名，即時獲得不可思議無量三昧，其心無礙寂然不動，智慧廣大難可測量，境界甚深無能與等；現前悉見無數諸佛，得如來力，同如來性，去、來、現在靡不明照，所有福德不可窮盡，一切神通皆已具足。其諸菩薩於普賢所，心生尊重，渴仰欲見，悉於衆會周遍觀察而竟不覩，亦不見其所坐之座。此由如來威力所持，亦是普賢神通自在使其然耳。

爾時，普眼菩薩白佛言：「世尊！普賢菩薩今何所在？」

佛言：「普眼！普賢菩薩今現在此道場衆會，親近我住，初無動移。」

是時，普眼及諸菩薩復更觀察道場衆會，周遍求覓，白佛言：「世尊！我等今者猶未得見普賢菩薩其身及座。」

佛言：「如是！善男子！汝等何故而不得見？善男子！普賢菩薩住處甚深不可說故。普賢菩薩獲無邊智慧門，入師子奮迅定，得無上自在用，入清淨無礙際，生如來十種力，以法界藏為身，一切如來共所護念，於一念頃悉能證入三世諸佛無差別智，是故汝等不能見耳。」

爾時，普眼菩薩聞如來說普賢菩薩清淨功德，得十千阿僧祇三昧；以三昧力復遍觀察，渴仰欲見普賢菩薩，亦不能覩。其餘一切諸菩薩眾俱亦不見。時，普眼菩薩從三昧起，白佛言：「世尊！我已入十千阿僧祇三昧，求見普賢而竟不得，不見其身及身業，語及語業、意及意業、座及住處悉皆不見。」

佛言：「如是！如是！善男子！當知皆以普賢菩薩住不思議解脫之力。普眼！於汝意云何？頗有人能說幻術文字中種種幻相所住處不？」

答言：「不也。」

佛言：「普眼！幻中幻相尚不可說，何況普賢菩薩祕密身境界、祕密語境界、祕密意境界，而於其中能入能見！何以故？普賢菩薩境界甚深，不可思議，無有量、已過量。舉要言之，普賢菩薩以金剛慧普入法界，於一切世界無所行、無所住，知一切眾生身皆即非身，無去無來，得無斷盡、無差別自在神通，無依無作，無有動轉，至於法界究竟邊際。善男子！若有得見普賢菩薩，若得承事，若得聞名，若有思惟，若有憶念，若生信解，若勤觀察，若始趣向，若正求覓，若興誓願，相續不絕，皆獲利益，無空過者。」

爾時，普眼及一切菩薩眾於普賢菩薩心生渴仰，願得瞻覲，作如是言：「南無一切諸佛！南無普賢菩薩！」

如是三稱，頭頂禮敬。爾時，佛告普眼菩薩及諸眾會言：「諸佛子！汝等宜更禮敬普賢，慇懃求請，又應專至觀察十方，想普賢身現在其前。如是思惟，周遍法界，深心信解，厭離一切，誓與普賢同一行願：入於不二真實之法，其身普現一切世間，悉知眾生諸根差別，遍一切處集普賢道。若能發起如是大願，則當得見普賢菩薩。」

是時，普眼聞佛此語，與諸菩薩俱時頂禮，求請得見普賢大士。

爾時，普賢菩薩即以解脫神通之力，如其所應為現色身，令彼一切諸菩薩眾皆見普賢親近如來，於此一切菩薩眾中坐蓮華座；亦見於餘一切世界一切佛所，從彼次第相續而來；亦見在彼一切佛所，演說一切諸菩薩行，開示一切智智之道，闡明一切菩薩神通，分別一切菩薩威德，示現一切三世諸佛。是時，普眼菩薩及一切菩薩眾見此神變，其心踊躍，生大歡喜，莫不頂禮普賢菩薩，心生尊重，如見十方一切諸佛。

是時，以佛大威神力及諸菩薩信解之力、普賢菩薩本願力故，自然而雨十千種雲。所謂：種種華雲、種種鬘雲、種種香雲、種種末香雲、種種蓋雲、種種衣雲、種種嚴具雲、種種珍寶雲、種種燒香雲、種種繒綵雲。不可說世界六種震動；奏天音樂，其聲遠聞不可說世界；放大光明，其光普照不可說世界，令三惡趣悉得除滅，嚴淨不可說世界，令不可說菩薩入普賢行，不可說菩薩成普賢行，不可說菩薩於普賢行願悉得圓滿成阿耨多羅三藐三菩提。

爾時，普眼菩薩白佛言：「世尊！普賢菩薩是住大威德者、住無等者、住無過者、住不退者、住平等者、住不壞者、住一切差別法者、住一切無差別法者、住一切眾生善巧心所住者、住一切法自在解脫三昧者。」

佛言：「如是！如是！普眼！如汝所說，普賢菩薩有阿僧祇清淨功德，所謂：無等莊嚴功德、無量寶功德、不思議海功德、無量相功德、無邊雲功德、無邊際不可稱讚功德、無盡法功德、不可說功德、一切佛功德、稱揚讚歎不可盡功德。」

爾時，如來告普賢菩薩言：「普賢！汝應為普眼及此會中諸菩薩眾說十三昧，令得善入，成滿普賢所有行願。諸菩薩摩訶薩說此十大三昧故，令過去菩薩已得出離，現在菩薩今得出離，未來菩薩當得出離。何者為十？一者、普光大三昧，二者、妙光大三昧，三者、次第遍往諸佛國土大三昧，四者、清淨深心行大三昧，五者、知過去莊嚴藏大三昧，六者、智光明藏大三昧，七者、了知一切世界佛莊嚴大三昧，八者、眾生差別身大三昧，九者、法界自在大三昧，十者、無礙輪大三昧。此十大三昧，諸大菩薩乃能善入，去、來、現在一切諸佛已說、當說、現說。若諸菩薩愛樂尊重，修習不懈則得成就，如是之人則名為佛，則名如來，亦則名為得十力人，亦名導師，亦名大導師，亦名一切智，亦名一切見，亦名住無礙，亦名達諸境，亦名一切法自在。此菩薩普入一切世界，而於世界無所著；普入一切眾生界，而於眾生無所取；普入一切身，而於身無所礙；普入一切法界，而知法界無有邊。親近三世一切佛，明見一切諸佛法，巧說一切文字，了達一切假名，成就一切菩薩清淨道，安住一切菩薩差別行。於一念中，普得一切三世智，普知一切三世法，普說一切諸佛教，普轉一切不退輪，於去、來、現在一一世，普證一切菩提道；於此一一菩提中，普了一切佛所說。

「此是諸菩薩法相門，是諸菩薩智覺門，是一切種智無勝幢門，是普賢菩薩諸行願門，是猛利神通誓願門，是一切總持辯才門，是三世諸法差別門，是一切諸佛示現門，是以薩婆若安立一切眾生門，是以佛神力嚴淨一切世界門。若菩薩入此三昧，得法界力無有窮盡，得虛空行無有障礙，得法王位無量自在。譬如世間灌頂受職，得無邊智一切通達，得廣大力十種圓滿，成無諍心入寂滅際，大悲無畏猶如師子，為智慧丈夫，然正法明燈；一切功德歎不可盡，聲聞、獨覺莫能思議；得法界智住無動際，而能隨俗種種開演；住於無相善入法相，得自性清淨藏，生如來清淨家；善開種種差別法門，而以智慧了無所有；善知於時，常行法施開悟一切，名為智者；普攝眾生悉令清淨，以方便智示成佛道，而常修行菩薩之行無有斷盡；入一切智方便境界，示現種種廣大神通。是故，普賢！汝今應當分別廣說一切菩薩十大三昧，今此眾會咸皆願聞。」

爾時，普賢菩薩承如來旨，觀普眼等諸菩薩眾而告之言：「佛子！云何為菩薩摩訶薩普光明三昧？佛子！此菩薩摩訶薩有十種無盡法。何者為十？所謂：諸佛出現智無盡，眾生變化智無盡，世界如影智無盡，深入法界智無盡，善攝菩薩智無盡，菩薩不退智無盡，善觀一切法義智無盡，善持心力智無盡，住廣大菩提心智無盡，住一切佛法一切智願力智無盡。佛子！是名菩薩摩訶薩十種無盡法。

「佛子！此菩薩摩訶薩發十種無邊心。何等為十？所謂：發度脫一切眾生無邊心，發承事一切諸佛無邊心，發供養一切諸佛無邊心，發普見一切諸佛無邊心，發受持一切佛法不忘失無邊心，發示現一切佛無量神變無邊心，發為得佛力故，不捨一切菩提行無邊心；發普入一切智微細境界，說一切佛法無邊心；發普入佛不思議廣大境界無邊心；發於佛辯才起深志樂，領受諸佛法無邊心；發示現種種自在身，入一切如來道場眾會無邊心。是為十。

「佛子！此菩薩摩訶薩有十種入三昧差別智。何者為十？所謂：東方入定西方起，西方入定東方起，南方入定北方起，北方入定南方起，東北方入定西南方起，西南方入定東北方起，西北方入定東南方起，東南方入定西北方起，下方入定上方起，上方入定下方起，是為十。

「佛子！此菩薩摩訶薩有十種入大三昧善巧智。何者為十？佛子！菩薩摩訶薩以三千大千世界為一蓮華，現身遍此蓮華之上結跏趺坐，身中復現三千大千世界，其中有百億四天下，一一四天下現百億身，一一身入百億百億三千大千世界，於彼世界一一四天下現百億百億菩薩修行，一一菩薩修行生百億百億決定解，一一決定解令百億百億根性圓滿，一一根性成百億百億菩薩法不退業。然所現身非一非多，入定、出定無所錯亂。

「佛子！如羅睺阿脩羅王，本身長七百由旬，化形長十六萬八千由旬，於大海中出其半身，與須彌山而正齊等。佛子！彼阿脩羅王雖化其身長十六萬八千由旬，然亦不壞本身之相，諸蘊、界、處悉皆如本，心不錯亂，不於變化身而作他想、於其本身生非己想，本受生身恒受諸樂，化身常現種種自在神通威力。佛子！阿脩羅王有貪、恚、癡，具足憍慢，尚能如是變現其身；何況菩薩摩訶薩能深了達心法如幻，一切世間皆悉如夢，一切諸佛出興於世皆如影像，一切世界猶如變化，言語音聲悉皆如響，見如實法，以如實法而為其身，知一切法本性清淨，了知身心無有實體，其身普住無量境界，以佛智慧廣大光明淨修一切菩提之行！

「佛子！菩薩摩訶薩住此三昧，超過世間，遠離世間，無能惑亂，無能映奪。佛子！譬如比丘觀察內身，住不淨觀，審見其身皆是不淨。菩薩摩訶薩亦復如是，住此三昧，觀察法身，見諸世間普入其身，於中明見一切世間及世間法，於諸世間及世間法皆無所著。佛子！是名菩薩摩訶薩第一普光明大三昧善巧智。

「佛子！云何為菩薩摩訶薩妙光明三昧？佛子！此菩薩摩訶薩能入三千大千

世界微塵數三千大千世界，於一一世界現三千大千世界微塵數身，一一身放三千大千世界微塵數光，一一光現三千大千世界微塵數色，一一色照三千大千世界微塵數世界，一一世界中調伏三千大千世界微塵數衆生。是諸世界種種不同，菩薩悉知，所謂：世界雜染、世界清淨、世界所因、世界建立、世界同住、世界光色、世界來往，如是一切，菩薩悉知、菩薩悉入。是諸世界，亦悉來入菩薩之身，然諸世界無有雜亂，種種諸法亦不壞滅。

「佛子！譬如日出遶須彌山、照七寶山，其七寶山及寶山間皆有光影分明顯現，其寶山上所有日影莫不顯現山間影中，其七山間所有日影亦悉顯現山上影中，如是展轉，更相影現。或說日影出七寶山，或說日影出七山間，或說日影入七寶山，或說日影入七山間。但此日影更相照現，無有邊際，體性非有，亦復非無，不住於山，不離於山，不住於水，亦不離水。佛子！菩薩摩訶薩亦復如是，住此妙光廣大三昧，不壞世*間安立之相，不滅世間諸法自性；不住世界內，不住世界外；於諸世界無所分別，亦不壞於世界之相；觀一切法一相無相，亦不壞於諸法自性，住真如性恒不捨離。

「佛子！譬如幻師善知幻術，住四衢道作諸幻事，於一日中一須臾頃，或現一日，或現一夜，或復現作七日七夜、半月一月、一年百年，隨其所欲皆能示現，城邑聚落、泉流河海，日月雲雨、宮殿屋宅，如是一切靡不具足；不以示現經年歲故，壞其根本一日一時；不以本時極短促故，壞其所現日月年歲；幻相明現，本日不滅。菩薩摩訶薩亦復如是，入此妙光廣大三昧，現阿僧祇世界入一世界。其阿僧祇世界，一一皆有地、水、火、風、大海、諸山、城邑、聚落、園林、屋宅、天宮、龍宮、夜叉宮、乾闥婆宮、阿脩羅宮、迦樓羅宮、緊那羅宮、摩睺羅伽宮，種種莊嚴皆悉具足。欲界、色界、無色界，小千世界、大千世界，業行果報，死此生彼；一切世間所有時節，須臾、晝夜、半月、一月、一歲、百歲、成劫、壞劫；雜染國土、清淨國土、廣大國土、狹小國土，於中諸佛出興于世，佛剎清淨，菩薩眾會周匝圍繞，神通自在教化眾生；其諸國土所在方處，無量人眾悉皆充滿，殊形異趣種種眾生，無量無邊不可思議，去、來、現在清淨業力出生無量上妙珍寶。如是等事，咸悉示現，入一世界。菩薩於此普皆明見，普入普觀，普思普了，以無盡智皆如實知，不以彼世界多故壞此一世界，不以此世界一故壞彼多世界。何以故？菩薩知一切法皆無我故，是名：入無命法、無作法者；菩薩於一切世間勤修行無諍法故，是名：住無我法者；菩薩如實見一切身皆從緣起故，是名：住無眾生法者；菩薩知一切生滅法皆從因生故，是名：住無補伽羅法者；菩薩知諸法本性平等故，是名：住無意生、無摩納婆法者；菩薩知一切法本性寂靜故，是名：住寂靜法者；菩薩知一切法一相故，是名：住無分別法者；菩薩知法界無有種種差別法故，是名：住不思議法者；菩薩勤修一切方便，善調伏眾生故，是名：住大悲法者。

「佛子！菩薩如是能以阿僧祇世界入一世界，知無數眾生種種差別，見無數菩薩各各發趣，觀無數諸佛處處出興，彼諸如來所演說法，其諸菩薩悉能領受，亦見自身於中修行。然不捨此處而見在彼，亦不捨彼處而見在此，彼身、此身無有差別，入法界故；常勤觀察無有休息，不捨智慧無退轉故。如有幻師隨於一處作諸幻術，不以幻地故壞於本地，不以幻日故壞於本日。菩薩摩訶薩亦復如是，於無國土現有國土，於有國土現無國土；於有眾生現無眾生，於無眾生現有眾生；無色現色，色現無色；初不亂後，後不亂初；菩薩了知一切世法悉亦如是，同於幻化。知法幻故，知智幻；知智幻故，知業幻；知智幻、業幻已，起於幻智，觀一切業如世幻者，不於處外而現其幻，亦不於幻外而有其處。菩薩摩訶薩亦復如是，不於虛空外入世間，亦不於世間外入虛空。何以故？虛空、世間無差別故，住於世間亦住虛空。菩薩摩訶薩於虛空中能見、能修一切世間種種差別妙莊嚴業，於一念頃悉能了知無數世界若成若壞，亦知諸劫相續次第；能於一念現無數劫，亦不令其一念廣大。菩薩摩訶薩得不思議解脫幻智，到於彼岸；住於幻際，入世幻數，思惟諸法悉皆如幻；不違幻世，盡於幻智，了知三世與幻無別，決定通達，心無邊際。如諸如來住如幻智，其心平等；菩薩摩訶薩亦復如是，知諸世間皆悉如幻，於一切處皆無所著、無有我所。如彼幻師作諸幻事，雖不與彼幻事同住，而於幻事亦無迷惑；菩薩摩訶薩亦復如是，知一切法到於彼岸，心不計我能入於法，亦不於法而有錯亂。是為菩薩摩訶薩第二妙光明大三昧善巧智。」

大方廣佛華嚴經卷第四十

大方廣佛華嚴經卷第四十一

于闐國三藏實叉難陀奉　制譯

十定品第二十七之二

「佛子！云何為菩薩摩訶薩次第遍往諸佛國土神通三昧？佛子！此菩薩摩訶薩過於東方無數世界，復過爾所世界微塵數世界，於彼諸世界中入此三昧，或剎那入，或須臾入，或相續入，或日初分時入，或日中分時入，或日後分時入，或夜初分時入，或夜中分時入，或夜後分時入，或一日入，或五日入，或半月入，或一月入，或一年入，或百年入，或千年入，或百千年入，或億年入，或百千億年入，或百千那由他億年入，或一劫入，或百劫入，或百千劫入，或百千那由他億劫入，或無數劫入，或無量劫入，或無邊劫入，或無等劫入，或不可數劫入，或不可稱劫入，或不可思劫入，或不可量劫入，或不可說劫入，或不可說不可說劫入，若久、若近、若法、若時，種種不同。菩薩於彼不生分別，心無染著，不作二、不作不二，不作普、不作別，雖離此分別而以神通方便從三昧起，於一切法不忘不失至於究竟。譬如日天子周行照曜，晝夜不住；日出名晝，日沒名夜，晝亦不生，夜亦不滅。菩薩摩訶薩於無數世界入神通三昧，入三昧已，明見爾所無數世界亦復如是。佛子！是為菩薩摩訶薩第三次第遍往諸佛國土神通大三昧善巧智。

「佛子！云何為菩薩摩訶薩清淨深心行三昧？佛子！此菩薩摩訶薩知諸佛身數等眾生，見無量佛過阿僧祇世界微塵數。於彼一一諸如來所，以一切種種妙香而作供養，以一切種種妙華而作供養，以一切種種蓋大如阿僧祇佛剎而作供養，以超過一切世界一切上妙莊嚴具而作供養，散一切種種寶而作供養，以一切種種莊嚴具莊嚴經行處而作供養，以一切無數上妙摩尼寶藏而作供養，以佛神力所流出過諸天上味飲食而作供養，一切佛剎種種上妙諸供養具，能以神力普皆攝取而作供養。於彼一一諸如來所，恭敬尊重，頭頂禮敬，舉身布地，請問佛法，讚佛平等，稱揚諸佛廣大功德，入於諸佛所入大悲，得佛平等無礙之力；於一念頃，一切佛所勤求妙法，然於諸佛出興於世、入般涅槃，如是之相皆無所得。如散動心，了別所緣，心起不知何所緣起，心滅不知何所緣滅；此菩薩摩訶薩亦復如是，終不分別如來出世及涅槃相。佛子！如日中陽焰，不從雲生，不從池生，不處於陸，不住於水，非有非無，非善非惡，非清非濁，不堪飲漱，不可穢污，非有體非無體，非有味非無味，以因緣故而現水相，為識所了，遠望似水而興水想，近之則無，水想自滅；此菩薩摩訶薩亦復如是，不得如來出興於世及涅槃相。諸佛有相及以無相，皆是想心之所分別。佛子！此三昧名為：清淨深心行。菩薩摩訶薩於此三昧，入已而起，起已不失。譬如有人從睡得寤，憶所夢事，覺時雖無夢中境界，而能憶念，心不忘失。菩薩摩訶薩亦復如是，入於三昧，見佛聞法，從定而起，憶持不忘，而以此法開曉一切道場眾會，莊嚴一切諸佛國土，無量義趣悉得明達，一切法門皆亦清淨，然大智炬，長諸佛種，無畏具足，辯才不竭，開示演說甚深法藏。是為菩薩摩訶薩第四清淨深心行大三昧善巧智。

「佛子！云何為菩薩摩訶薩知過去莊嚴藏三昧？佛子！此菩薩摩訶薩能知過去諸佛出現，所謂：劫次第中諸剎次第，剎次第中諸劫次第，劫次第中諸佛出現次第，佛出現次第中說法次第，說法次第中諸心樂次第，心樂次第中諸根次第，根次第中調伏次第，調伏次第中諸佛壽命次第，壽命次第中知億那由他年歲數量次第。佛子！此菩薩摩訶薩得如是無邊次第智故，則知過去諸佛，則知過去諸剎，則知過去法門，則知過去諸劫，則知過去諸法，則知過去諸心，則知過去諸解，則知過去諸眾生，則知過去諸煩惱，則知過去諸儀式，則知過去諸清淨。佛子！此三昧名：過去清淨藏，於一念中，能入百劫，能入千劫，能入百千劫，能入百千億那由他劫，能入無數劫，能入無量劫，能入無邊劫，能入無等劫，能入不可數劫，能入不可稱劫，能入不可思劫，能入不可量劫，能入不可說劫，能入不可說不可說劫。佛子！彼菩薩摩訶薩入此三昧，不滅現在，不緣過去。

「佛子！彼菩薩摩訶薩從此三昧起，於如來所受十種不可思議灌頂法，亦得、亦清淨、亦成就、亦入、亦證、亦滿、亦持，平等了知三輪清淨。何等為十？一者、辯不違義，二者、說法無盡，三者、訓辭無失，四者、樂說不斷，五者、心無恐畏，六者、語必誠實，七者、眾生所依，八者、救脫三界，九者、善根最勝，十者、調御妙法。佛子！此是十種灌頂法。若菩薩入此三昧，從三昧起，無間則得。如歌羅邏入胎藏時，於一念間識則託生；菩薩摩訶薩亦復如是，從此定起，於如來所，一念則得此十種法。佛子！是名菩薩摩訶薩第五知過去莊嚴藏大三昧善巧智。

「佛子！云何為菩薩摩訶薩智光明藏三昧？佛子！彼菩薩摩訶薩住此三昧，能知未來一切世界一切劫中所有諸佛若已說、若未說，若已授記、若未授記，種種名號各各不同，所謂：無數名、無量名、無邊名、無等名、不可數名、不可稱名、不可思名、不可量名、不可說名；當出現於世，當利益眾生，當作法王，當興佛事，當說福利，當讚善義，當說白分義，當淨治諸惡，當安住功德，當開示第一義諦，當入灌頂位，當成一切智。彼諸如來修圓滿行，發圓滿願，入圓滿智，有圓滿衆，備圓滿莊嚴，集圓滿功德，悟圓滿法，得圓滿果，具圓滿相，成圓滿覺。彼諸如來名姓種族、方便善巧、神通變化、成熟衆生、入般涅槃，如是一切皆悉了知。

「此菩薩於一念中，能入一劫、百劫、千劫、百千劫、百千億那由他劫，入閻浮提微塵數劫，入四天下微塵數劫，入小千世界微塵數劫，入中千世界微塵數劫，入大千世界微塵數劫，入佛刹微塵數劫，入百千佛刹微塵數劫，入百千億那由他佛刹微塵數劫，入無數佛刹微塵數劫，入無量佛刹微塵數劫，入無邊佛刹微塵數劫，入無等佛刹微塵數劫，入不可數佛刹微塵數劫，入不可稱佛刹微塵數劫，入不可思佛刹微塵數劫，入不可量佛刹微塵數劫，入不可說佛刹微塵數劫，入不可說不可說佛刹微塵數劫。如是未來一切世界所有劫數，能以智慧皆悉了知。以了知故，其心復入十種持門。何者為十？所謂：入佛持故，得不可說佛刹微塵數諸佛護念；入法持故，得十種陀羅尼光明無盡辯才；入行持故，出生圓滿殊勝諸願；入力持故，無能映蔽，無能摧伏；入智持故，所行佛法無有障礙；入大悲持故，轉於不退清淨法輪；入差別善巧句持故，轉一切文字輪，淨一切法門地；入師子受生法持故，開法關鑰，出欲淤泥；入智力持故，修菩薩行常不休息；入善友力持故，令無邊眾生普得清淨；入無住力持故，入不可說不可說廣大劫；入法力持故，以無礙方便智，知一切法自性清淨。

「佛子！菩薩摩訶薩住此三昧已，善巧住不可說不可說劫，善巧住不可說不可說剎，善巧知不可說不可說種種眾生，善巧知不可說不可說眾生異相，善巧知不可說不可說同異業報，善巧知不可說不可說精進、諸根習氣、相續差別諸行，善巧知不可說不可說無量染淨種種思惟，善巧知不可說不可說法種種義、無量文字、演說言辭，善巧知不可說不可說種種佛出現、種族時節、現相說法、施為佛事、入般涅槃，善巧知不可說不可說無邊智慧門，善巧知不可說不可說一切神通無量變現。佛子！譬如日出，世間所有村營、城邑、宮殿、屋宅、山澤、鳥獸、樹林、華果，如是一切種種諸物，有目之人悉得明見。佛子！日光平等，無有分別，而能令目見種種相；此大三昧亦復如是，體性平等，無有分別，能令菩薩知不可說不可說百千億那由他差別之相。

「佛子！此菩薩摩訶薩如是了知時，令諸眾生得十種不空。何等為十？一者、見不空，令諸眾生生善根故；二者、聞不空，令諸眾生得成熟故；三者、同住不空，令諸眾生心調伏故；四者、發起不空，令諸眾生如言而作，通達一切諸法義故；五者、行不空，令無邊世界皆清淨故；六者、親近不空，於不可說不可說佛剎諸如來所，斷不可說不可說眾生疑故；七者、願不空，隨所念眾生，令作勝供養，成就諸願故；八者、善巧法不空，皆令得住無礙解脫清淨智故；九者、雨法雨不空，於不可說不可說諸根眾生中，方便開示一切智行令住佛道故；十者、出現不空，現無邊相，令一切眾生皆蒙照故。佛子！菩薩摩訶薩住此三昧，得十種不空時，諸天王眾皆來頂禮，諸龍王眾興大香雲，諸夜叉王頂禮其足，阿脩羅王恭敬供養，迦樓羅王前後圍遶，諸梵天王悉來勸請，緊那羅王、摩睺羅伽王咸共稱讚，乾闥婆王常來親近，諸人王眾承事供養。佛子！是為菩薩摩訶薩第六智光明藏大三昧善巧智。

「佛子！云何為菩薩摩訶薩了知一切世界佛莊嚴三昧？佛子！此三昧何故名了知一切世界佛莊嚴？佛子！菩薩摩訶薩住此三昧，能次第入東方世界，能次第入南方世界，西方、北方、四維上下所有世界悉亦如是，能次第入。皆見諸佛出興於世，亦見彼佛一切神力，亦見諸佛所有遊戲，亦見諸佛廣大威德，亦見諸佛最勝自在，亦見諸佛大師子吼，亦見諸佛所修諸行，亦見諸佛種種莊嚴，亦見諸佛神足變化，亦見諸佛眾會雲集、眾會清淨、眾會廣大、眾會一相、眾會多相、眾會處所、眾會居止、眾會成熟、眾會調伏、眾會威德，如是一切悉皆明見。亦見眾會其量大小等閻浮提，亦見眾會等四天下，亦見眾會等小千界，亦見眾會等中千界，亦見眾會量等三千大千世界。亦見眾會充滿百千億那由他佛剎，亦見眾會充滿阿僧祇佛剎，亦見眾會充滿百佛剎微塵數佛剎，亦見眾會充滿千佛剎微塵數佛剎，亦見眾會充滿百千億那由他佛剎微塵數佛剎，亦見眾會充滿無數佛剎微塵數佛剎，亦見眾會充滿無量佛剎微塵數佛剎，亦見眾會充滿無邊佛剎微塵數佛剎，亦見衆會充滿無等佛剎微塵數佛剎，亦見衆會充滿不可數佛剎微塵數佛剎，亦見衆會充滿不可稱佛剎微塵數佛剎，亦見衆會充滿不可思佛剎微塵數佛剎，亦見衆會充滿不可量佛剎微塵數佛剎，亦見衆會充滿不可說佛剎微塵數佛剎，亦見衆會充滿不可說不可說佛剎微塵數佛剎。亦見諸佛於彼衆會道場中，示現種種相、種種時、種種國土、種種變化、種種神通、種種莊嚴、種種自在、種種形量、種種事業。菩薩摩訶薩亦見自身往彼衆會，亦自見身在彼說法，亦自見身受持佛語，亦自見身善知緣起，亦自見身住在虛空，亦自見身住於法身，亦自見身不生染著，亦自見身不住分別，亦自見身無有疲倦，亦自見身普入諸智，亦自見身普知諸義，亦自見身普入諸地，亦自見身普入諸趣，亦自見身普知方便，亦自見身普住佛前，亦自見身普入諸力，亦自見身普入真如，亦自見身普入無諍，亦自見身普入諸法。如是見時，不分別國土，不分別衆生，不分別佛，不分別法，不執著身，不執著身業，不執著心，不執著意。譬如諸法，不分別自性，不分別音聲，而自性不捨、名字不滅；菩薩摩訶薩亦復如是，不捨於行，隨世所作，而於此二無所執著。

「佛子！菩薩摩訶薩見佛無量光色、無量形相，圓滿成就，平等清淨，一一現前，分明證了。或見佛身種種光明，或見佛身圓光一尋，或見佛身如盛日色，或見佛身微妙光色，或見佛身作清淨色，或見佛身作黃金色，或見佛身作金剛色，或見佛身作紺青色，或見佛身作無邊色，或見佛身作大青摩尼寶色。或見佛身其量七肘，或見佛身其量八肘，或見佛身其量九肘，或見佛身其量十肘，或見佛身二十肘量，或見佛身三十肘量，如是乃至一百肘量、一千肘量。或見佛身一俱盧舍量，或見佛身半由旬量，或見佛身一由旬量，或見佛身十由旬量，或見佛身百由旬量，或見佛身千由旬量，或見佛身百千由旬量，或見佛身閻浮提量，或見佛身四天下量，或見佛身小千界量，或見佛身中千界量，或見佛身大千界量，或見佛身百大千世界量，或見佛身千大千世界量，或見佛身百千大千世界量，或見佛身百千億那由他大千世界量，或見佛身無數大千世界量，或見佛身無量大千世界量，或見佛身無邊大千世界量，或見佛身無等大千世界量，或見佛身不可數大千世界量，或見佛身不可稱大千世界量，或見佛身不可思大千世界量，或見佛身不可量大千世界量，或見佛身不可說大千世界量，或見佛身不可說不可說大千世界量。佛子！菩薩如是見諸如來無量色相、無量形狀、無量示現、無量光明、無量光明網，其光分量等于法界，於法界中無所不照，普令發起無上智慧；又見佛身，無有染著，無有障礙，上妙清淨。

「佛子！菩薩如是見於佛身，而如來身不增不減。譬如虛空，於蟲所食芥子孔中亦不減小，於無數世界中亦不增廣；其諸佛身亦復如是，見大之時亦無所增，見小之時亦無所減。

「佛子！譬如月輪，閻浮提人見其形小而亦不減，月中住者見其形大而亦不增；菩薩摩訶薩亦復如是，住此三昧，隨其心樂，見諸佛身種種化相，言辭演法，受持不忘，而如來身不增不減。佛子！譬如眾生命終之後，將受生時，不離於心，所見清淨；菩薩摩訶薩亦復如是，不離於此甚深三昧，所見清淨。

「佛子！菩薩摩訶薩住此三昧，成就十種速疾法。何者為十？所謂：速增諸行圓滿大願，速以法光照耀世間，速以方便轉於法輪度脫眾生，速隨眾生業示現諸佛清淨國土，速以平等智趣入十力，速與一切如來同住，速以大慈力摧破魔軍，速斷眾生疑令生歡喜，速隨勝解示現神變，速以種種妙法言辭淨諸世間。

「佛子！此菩薩摩訶薩復得十種法印，印一切法。何等為十？一者、同去、來、今一切諸佛平等善根，二者、同諸如來得無邊際智慧法身，三者、同諸如來住不二法，四者、同諸如來觀察三世無量境界皆悉平等，五者、同諸如來得了達法界無礙境界，六者、同諸如來成就十力所行無礙，七者、同諸如來永絕二行住無諍法，八者、同諸如來教化眾生恒不止息，九者、同諸如來於智善巧、義善巧中能善觀察，十者、同諸如來與一切佛平等無二。

「佛子！若菩薩摩訶薩成就此了知一切世界佛莊嚴大三昧善巧方便門，是無師者，不由他教，自入一切佛法故；是丈夫者，能開悟一切眾生故；是清淨者，知心性本淨故；是第一者，能度脫一切世間故；是安慰者，能開曉一切眾生故；是安住者，未住佛種性者令得住故；是真實知者，入一切智門故；是無異想者，所言無二故；是住法藏者，誓願了知一切佛法故；是能雨法雨者，隨眾生心樂悉令充足故。

「佛子！譬如帝釋，於頂髻中置摩尼寶，以寶力故，威光轉盛。其釋天王初獲此寶則得十法，出過一切三十三天。何等為十？一者、色相，二者、形體，三者、示現，四者、眷屬，五者、資具，六者、音聲，七者、神通，八者、自在，九者、慧解，十者、智用。如是十種，悉過一切三十三天。菩薩摩訶薩亦復如是，初始獲得此三昧時，則得十種廣大智藏。何等為十？一者、照耀一切佛剎智，二者、知一切眾生受生智，三者、普作三世變化智，四者、普入一切佛身智，五者、通達一切佛法智，六者、普攝一切淨法智，七者、普令一切眾生入法身智，八者、現見一切法普眼清淨智，九者、一切自在到於彼岸智，十者、安住一切廣大法普盡無餘智。

「佛子！菩薩摩訶薩住此三昧，復得十種最清淨威德身。何等為十？一者、為照耀不可說不可說世界故，放不可說不可說光明輪；二者、為令世界咸清淨故，放不可說不可說無量色相光明輪；三者、為調伏眾生故，放不可說不可說光明輪；四者、為親近一切諸佛故，化作不可說不可說身；五者、為承事供養一切諸佛故，雨不可說不可說種種殊妙香華雲；六者、為承事供養一切佛，及調伏一切眾生故，於一一毛孔中化作不可說不可說種種音樂；七者、為成熟眾生故，現不可說不可說種種無量自在神變；八者、為於十方種種名號一切佛所請問法故，一步超過不可說不可說世界；九者、為令一切眾生見聞之者皆不空故，現不可說不可說種種無量清淨色相身，無能見頂；十者、為與眾生開示無量祕密法故，發不可說不可說音聲語言。

「佛子！菩薩摩訶薩得此十種最清淨威德身已，能令眾生得十種圓滿。何等為十？一者、能令眾生得見於佛，二者、能令眾生深信於佛，三者、能令眾生聽聞於法，四者、能令眾生知有佛世界，五者、能令眾生見佛神變，六者、能令眾生念所集業，七者、能令眾生定心圓滿，八者、能令眾生入佛清淨，九者、能令眾生發菩提心，十者、能令眾生圓滿佛智。

「佛子！菩薩摩訶薩令眾生得十種圓滿已，復為眾生作十種佛事。何等為十？所謂：以音聲作佛事，為成熟眾生故；以色形作佛事，為調伏眾生故；以憶念作佛事，為清淨眾生故；以震動世界作佛事，為令眾生離惡趣故；以方便覺悟作佛事，為令眾生不失念故；以夢中現相作佛事，為令眾生恒正念故；以放大光明作佛事，為普攝取諸眾生故；以修菩薩行作佛事，為令眾生住勝願故；以成正等覺作佛事，為令眾生知幻法故；以轉妙法輪作佛事，為眾說法不失時故；以現住壽命作佛事，為調伏一切眾生故；以示般涅槃作佛事，知諸眾生起疲厭故。

「佛子！是為菩薩摩訶薩第七了知一切世界佛莊嚴大三昧善巧智。」

大方廣佛華嚴經卷第四十一

大方廣佛華嚴經卷第四十二

于闐國三藏實叉難陀奉　制譯

十定品第二十七之三

「佛子！云何為菩薩摩訶薩一切眾生差別身三昧？佛子！菩薩摩訶薩住此三昧，得十種無所著。何者為十？所謂：於一切剎無所著，於一切方無所著，於一切劫無所著，於一切眾無所著，於一切法無所著，於一切菩薩無所著，於一切菩薩願無所著，於一切三昧無所著，於一切佛無所著，於一切地無所著，是為十。

「佛子！菩薩摩訶薩於此三昧云何入？云何起？佛子！菩薩摩訶薩於此三昧，內身入，外身起；外身入，內身起；同身入，異身起；異身入，同身起；人身入，夜叉身起；夜叉身入，龍身起；龍身入，阿脩羅身起；阿脩羅身入，天身起；天身入，梵王身起；梵王身入，欲界身起；天中入，地獄起；地獄入，人間起；人間入，餘趣起；千身入，一身起；一身入，千身起；那由他身入，一身起；一身入，那由他身起；閻浮提衆生衆中入，西瞿陀尼衆生衆中起；西瞿陀尼衆生衆中入，北拘盧衆生衆中起；北拘盧衆生衆中入，東毘提訶衆生衆中起；東毘提訶衆生衆中入，三天下衆生衆中起；三天下衆生衆中入，四天下衆生衆中起；四天下衆生衆中入，一切海差別衆生衆中起；一切海差別衆生衆中入，一切海神衆中起；一切海神衆中入，一切海水大中起；一切海水大中入，一切海地大中起；一切海地大中入，一切海火大中起；一切海火大中入，一切海風大中起；一切海風大中入，一切四大種中起；一切四大種中入，無生法中起；無生法中入，妙高山中起；妙高山中入，七寶山中起；七寶山中入，一切地種種稼穡樹林黑山中起；一切地種種稼穡樹林黑山中入，一切妙香華寶莊嚴中起；一切妙香華寶莊嚴中入，一切四天下下方、上方一切衆生受生中起；一切四天下下方、上方一切衆生受生中入，小千世界眾生眾中起；小千世界眾生眾中入，中千世界眾生眾中起；中千世界眾生眾中入，大千世界眾生眾中起；大千世界眾生眾中入，百千億那由他三千大千世界眾生眾中起；百千億那由他三千大千世界眾生眾中入，無數世界眾生眾中起；無數世界眾生眾中入，無量世界眾生眾中起；無量世界眾生眾中入，無邊佛剎眾生眾中起；無邊佛剎眾生眾中入，無等佛剎眾生眾中起；無等佛剎眾生眾中入，不可數世界眾生眾中起；不可數世界眾生眾中入，不可稱世界眾生眾中起；不可稱世界眾生眾中入，不可思世界眾生眾中起；不可思世界眾生眾中入，不可量世界眾生眾中起；不可量世界眾生眾中入，不可說世界眾生眾中起；不可說世界眾生眾中入，不可說不可說世界眾生眾中起；不可說不可說世界眾生眾中入，雜染眾生眾中起；雜染眾生眾中入，清淨眾生眾中起；清淨眾生眾中入，雜染眾生眾中起；眼處入，耳處起；耳處入，眼處起；鼻處入，舌處起；舌處入，鼻處起；身處入，意處起；意處入，身處起；自處入，他處起；他處入，自處起；一微塵中入，無數世界微塵中起；無數世界微塵中入，一微塵中起；聲聞入，獨覺起；獨覺入，聲聞起；自身入，佛身起；佛身入，自身起；一念入，億劫起；億劫入，一念起；同念入，別時起；別時入，同念起；前際入，後際起；後際入，前際起；前際入，中際起；中際入，前際起；三世入，剎那起；剎那入，三世起；真如入，言說起；言說入，真如起。

「佛子！譬如有人為鬼所持，其身戰動不能自安，鬼不現身令他身然；菩薩摩訶薩住此三昧亦復如是，自身入定他身起，他身入定自身起。佛子！譬如死屍以咒力故而能起行，隨所作事皆得成就，屍之與咒雖各差別，而能和合成就彼事；菩薩摩訶薩住此三昧亦復如是，同境入定異境起，異境入定同境起。佛子！譬如比丘得心自在，或以一身作多身，或以多身作一身，非一身沒多身生，非多身沒一身生；菩薩摩訶薩住此三昧亦復如是，一身入定多身起，多身入定一身起。佛子！譬如大地其味一種，所生苗稼種種味別，地雖無差別，然味有殊異；菩薩摩訶薩住此三昧亦復如是，無所分別，然有一種入定多種起，多種入定一種起。

「佛子！菩薩摩訶薩住此三昧，得十種稱讚法之所稱讚。何者為十？所謂：

入真如故，名為如來；覺一切法故，名之為佛；為一切世間所稱讚故，名為法師；知一切法故，名一切智；為一切世間所歸依故，名所依處；了達一切法方便故，名為導師；引一切眾生入薩婆若道故，名大導師；為一切世間燈故，名為光明；心志圓滿，義利成就，所作皆*辦，住無礙智，分別了知一切諸法故，名為十力自在；通達一切法輪故，名一切見者；是為十。佛子！菩薩摩訶薩住此三昧，復得十種光明照耀。何者為十？所謂：得一切諸佛光明，與彼平等故；得一切世界光明，普能嚴淨故；得一切眾生光明，悉往調伏故；得無量無畏光明，法界為場演說故；得無差別光明，知一切法無種種性故；得方便光明，於一切法離欲際而證入故；得真實光明，於一切法離欲際心平等故；得遍一切世間神變光明，蒙佛所加恒不息故；得善思惟光明，到一切佛自在岸故；得一切法真如光明，於一毛孔中善說一切故；是為十。佛子！菩薩摩訶薩住此三昧，復得十種無所作。何者為十？所謂：身業無所作，語業無所作，意業無所作，神通無所作，了法無性無所作，知業不壞無所作，無差別智無所作，無生起智無所作，知法無滅無所作，隨順於文不壞於義無所作；是為十。

「佛子！菩薩摩訶薩住此三昧，無量境界種種差別。所謂：一入多起，多入一起；同入異起，異入同起；細入麁起，麁入細起；大入小起，小入大起；順入逆起，逆入順起；無身入有身起，有身入無身起；無相入有相起，有相入無相起；起中入，入中起。如是皆是此之三昧自在境界。佛子！譬如幻師，持咒得成，能現種種差別形相；咒與幻別而能作幻，咒唯是聲而能幻作眼識所知種種諸色、耳識所知種種諸聲、鼻識所知種種諸香、舌識所知種種諸味、身識所知種種諸觸、意識所知種種境界。菩薩摩訶薩住此三昧亦復如是，同中入定異中起，異中入定同中起。佛子！譬如三十三天共阿脩羅鬪戰之時，諸天得勝，脩羅退衄；阿脩羅王其身長大七百由旬，四兵圍遶無數千萬，以幻術力將諸軍眾，同時走入藕絲孔中。菩薩摩訶薩亦復如是，已善成就諸幻智地，幻智即是菩薩，菩薩即是幻智，是故能於無差別法中入定、差別法中起，差別法中入定、無差別法中起。佛子！譬如農夫田中下種，種子在下，果生於上。菩薩摩訶薩住此三昧亦復如是，一中入定多中起，多中入定一中起。佛子！譬如男女赤白和合，或有眾生於中受生，爾時名為歌羅邏位，從此次第，住母胎中，滿足十月；善業力故，一切肢分皆得成就，諸根不缺，心意明了；其歌羅邏與彼六根體狀各別，以業力故，而能令彼次第成就，受同異類種種果報。菩薩摩訶薩亦復如是，從一切智歌羅邏位，信解願力漸次增長；其心廣大，任運自在，無中入定有中起，有中入定無中起。佛子！譬如龍宮依地而立，不依虛空，龍依宮住，亦不在空，而能興雲遍滿空中；有人仰視所見宮殿，當知皆是乾闥婆城，非是龍宮。佛子！龍雖處下而雲布上。菩薩摩訶薩住此三昧亦復如是，於無相入有相起，於有相入無相起。佛子！譬如妙光大梵天王所住之宮，名：一切世間最勝清淨藏。此大宮中，普見三千大千世界諸四天下天宮、龍宮、夜叉宮、乾闥婆宮、阿脩羅宮、迦樓羅宮、緊那羅宮、摩睺羅伽宮，人間住處及三惡道、須彌山等，種種諸山、大海、江河、陂澤、泉源、城邑、聚落、樹林、眾寶，如是一切種種莊嚴，盡大輪圍所有邊際，乃至空中微細遊塵，莫不皆於梵宮顯現，如於明鏡見其面像。菩薩摩訶薩住此一切眾生差別身大三昧，知種種剎，見種種佛，度種種眾，證種種法，成種種行，滿種種解，入種種三昧，起種種神通，得種種智慧，住種種剎那際。佛子！此菩薩摩訶薩到十種神通彼岸。何者為十？所謂：到諸佛盡虛空遍法界神通彼岸，到菩薩究竟無差別自在神通彼岸，到能發起菩薩廣大行願入如來門佛事神通彼岸，到能震動一切世界、一切境界悉令清淨神通彼岸，到能自在知一切眾生不思議業果皆如幻化神通彼岸，到能自在知諸三昧麁細入出差別相神通彼岸，到能勇猛入如來境界而於其中發生大願神通彼岸，到能化作佛化轉法輪調伏眾生令生佛種令入佛乘速得成就神通彼岸，到能了知不可說一切祕密文句而轉法輪令百千億那由他不可說不可說法門皆得清淨神通彼岸，到不假晝夜年月劫數一念悉能三世示現神通彼岸；是為十。佛子！是名菩薩摩訶薩第八一切眾生差別身大三昧善巧智。

「佛子！云何為菩薩摩訶薩法界自在三昧？佛子！此菩薩摩訶薩於自眼處乃至意處入三昧，名：法界自在。菩薩於自身一一毛孔中入此三昧，自然能知諸世間，知諸世間法，知諸世界，知億那由他世界，知阿僧祇世界，知不可說佛剎微塵數世界；見一切世界中有佛出興，菩薩衆會悉皆充滿，光明清淨，淳善無雜，廣大莊嚴，種種衆寶以為嚴飾。菩薩於彼，或一劫、百劫、千劫、億劫、百千億那由他劫、無數劫、無量劫、無邊劫、無等劫、不可數劫、不可稱劫、不可思劫、不可量劫、不可說劫、不可說不可說劫、不可說不可說佛剎微塵數劫，修菩薩行常不休息。又於如是無量劫中住此三昧，亦入亦起，亦成就世界，亦調伏衆生，亦遍了法界，亦普知三世，亦演說諸法，亦現大神通，種種方便無著無礙。以於法界得自在故，善分別眼，善分別耳，善分別鼻，善分別舌，善分別身，善分別意，如是種種差別不同，悉善分別盡其邊際。菩薩如是善知見已，能生起十千億陀羅尼法光明，成就十千億清淨行，獲得十千億諸根，圓滿十千億神通，能入十千億三昧，成就十千億神力，長養十千億諸力，圓滿十千億深心，運動十千億力持，示現十千億神變，具足十千億菩薩無礙，圓滿十千億菩薩助道，積集十千億菩薩藏，照明十千億菩薩方便，演說十千億諸義，成就十千億諸願，出生十千億迴向，淨治十千億菩薩正位，明了十千億法門，開示十千億演說，修治十千億菩薩清淨。

「佛子！菩薩摩訶薩復有無數功德、無量功德、無邊功德、無等功德、不可數功德、不可稱功德、不可思功德、不可量功德、不可說功德、無盡功德。佛子！此菩薩於如是功德，皆已辨具，皆已積集，皆已莊嚴，皆已清淨，皆已瑩徹，皆已攝受，皆能出生，皆可稱歎，皆得堅固，皆已成就。

「佛子！菩薩摩訶薩住此三昧，為東方十千阿僧祇佛剎微塵數名號諸佛之所攝受，一一名號復有十千阿僧祇佛剎微塵數佛，各各差別；如東方，南西北方、四維上下，亦復如是。彼諸佛悉現其前，為現諸佛清淨剎，為說諸佛無量身，為說諸佛難思眼，為說諸佛無量耳，為說諸佛清淨鼻，為說諸佛清淨舌，為說諸佛無住心，為說如來無上神通，令修如來無上菩提，令得如來清淨音聲，開示如來不退法輪，顯示如來無邊眾會，令入如來無邊祕密，讚歎如來一切善根，令入如來平等之法，宣說如來三世種性，示現如來無量色相，闡揚如來護念之法，演暢如來微妙法音，辯明一切諸佛世界，宣揚一切諸佛三昧，示現諸佛眾會次第，護持諸佛不思議法，說一切法猶如幻化，明諸法性無有動轉，開示一切無上法輪，讚美如來無量功德，令入一切諸三昧雲，令知其心如幻如化、無邊無盡。

「佛子！菩薩摩訶薩住此法界自在三昧時，彼十方各十千阿僧祇佛剎微塵數名號如來，一一名中各有十千阿僧祇佛剎微塵數佛同時護念，令此菩薩得無邊身；令此菩薩得無礙心；令此菩薩於一切法得無忘念；令此菩薩於一切法得決定慧；令此菩薩轉更聰敏，於一切法皆能領受；令此菩薩於一切法悉能明了；令此菩薩諸根猛利，於神通法悉得善巧；令此菩薩境界無礙，周行法界恒不休息；令此菩薩得無礙智，畢竟清淨；令此菩薩以神通力，一切世界示現成佛。

「佛子！菩薩摩訶薩住此三昧，得十種海。何者為十？所謂：得諸佛海，咸覩見故；得眾生海，悉調伏故；得諸法海，能以智慧悉了知故；得諸剎海，以無性無作神通皆往詣故；得功德海，一切修行悉圓滿故；得神通海，能廣示現令開悟故；得諸根海，種種不同悉善知故；得諸心海，知一切眾生種種差別無量心故；得諸行海，能以願力悉圓滿故；得諸願海，悉使成就，永清淨故。佛子！菩薩摩訶薩得如是十種海已，復得十種殊勝。何等為十？一者、於一切眾生中最為第一，二者、於一切諸天中最為殊特，三者、於一切梵王中最極自在，四者、於諸世間無所染著，五者、一切世間無能映蔽，六者、一切諸魔不能惑亂，七者、普入諸趣無所罣礙，八者、處處受生知不堅固，九者、一切佛法皆得自在，十者、一切神通悉能示現。佛子！菩薩摩訶薩得如是十種殊勝已，復得十種力，於眾生界修習諸行。何等為十？一謂、勇健力，調伏世間故；二謂、精進力，恒不退轉故，三謂、無著力，離諸垢染故；四謂、寂靜力，於一切法無諍論故；五謂、逆順力，於一切法心自在故；六謂、法性力，於諸義中得自在故；七謂、無礙力，智慧廣大故；八謂、無畏力，能說諸法故；九謂、辯才力，能持諸法故；十謂、開示力，智慧無邊故。佛子！此十種力，是廣大力、最勝力、無能摧伏力、無量力、善集力、不動力、堅固力、智慧力、成就力、勝定力、清淨力、極清淨力、法身力、法光明力、法燈力、法門力、無能壞力、極勇猛力、大丈夫力、善丈夫修習力、成正覺力、過去積集善根力、安住無量善根力、住如來力力、心思惟力、增長菩薩歡喜力、出生菩薩淨信力、增長菩薩勇猛力、菩提心所生力、菩薩清淨深心力、菩薩殊勝深心力、菩薩善根熏習力、究竟諸法力、無障礙身力、入方便善巧法門力、清淨妙法力、安住大勢一切世間不能傾動力、一切衆生無能映蔽力。佛子！此菩薩摩訶薩於如是無量功德法，能生，能成就，能圓滿，能照明，能具足，能遍具足，能廣大，能堅固，能增長，能淨治，能遍淨治。此菩薩功德邊際、智慧邊際、修行邊際、法門邊際、自在邊際、苦行邊際、成就邊際、清淨邊際、出離邊際、法自在邊際，無能說者。此菩薩所獲得、所成就、所趣入、所現前、所有境界、所有觀察、所有證入、所有清淨、所有了知、所有建立一切法門，於不可說劫無能說盡。

「佛子！菩薩摩訶薩住此三昧，能了知無數、無量、無邊、無等、不可數、不可稱、不可思、不可量、不可說、不可說不可說一切三昧。彼一一三昧，所有境界無量廣大，於境界中若入、若起、若住，所有相狀，所有示現，所有行處，所有等流，所有自性，所有除滅，所有出離，如是一切靡不明見。佛子！譬如無熱惱大龍王宮流出四河，無濁無雜，無有垢穢，光色清淨猶如虛空。其池四面各有一口，一一口中流出一河，於象口中出恒伽河，師子口中出私陀河，於牛口中出信度河，於馬口中出縛芻河。其四大河流出之時，恒伽河口流出銀沙，私陀河口出金剛沙，信度河口流出金沙，縛芻河口出瑠璃沙；恒伽河口作白銀色，私陀河口作金剛色，信度河口作黃金色，縛芻河口作瑠璃色，一一河口廣一由旬。其四大河既流出已，各共圍遶大池七匝，隨其方面四向分流，澒涌奔馳入於大海。其河旋遶，一一之間有天寶所成優鉢羅華、波頭摩華、拘物頭華、芬陀利華，奇香發越，妙色清淨；種種華葉，種種臺蘂，悉是衆寶自然映徹，咸放光明互相照現。其無熱池周圍廣大五十由旬，衆寶妙沙遍布其底，種種摩尼以為嚴飾，無量妙寶莊嚴其岸，栴檀妙香普散其中，優鉢羅華、波頭摩華、拘物頭華、芬陀利華及餘寶華皆悉遍滿，微風吹動香氣遠徹，華林寶樹周匝圍遶。日光出時，普皆照明池河內外一切衆物，接影連輝成光明網。如是衆物，若遠、若近，若高、若下，若廣、若狹，若麁、若細，乃至極小一沙一塵，悉是妙寶，光明鑒徹，靡不於中日輪影現，亦復展轉更相現影；如是眾影不增不減、非合非散，皆如本質而得明見。

「佛子！如無熱大池，於四口中流出四河入於大海；菩薩摩訶薩亦復如是，從四辯才，流出諸行，究竟入於一切智海。如恒伽大河，從銀色象口流出銀沙；菩薩摩訶薩亦復如是，以義辯才，說一切如來所說一切義門，出生一切清淨白法，究竟入於無礙智海。如私陀大河，從金剛色師子口流出金剛沙；菩薩摩訶薩亦復如是，以法辯才，為一切眾生說佛金剛句，引出金剛智，究竟入於無礙智海。如信度大河，從金色牛口流出金沙；菩薩摩訶薩亦復如是，以訓辭辯，說隨順世間緣起方便，開悟眾生，令皆歡喜，調伏成熟，究竟入於緣起方便海。如縛芻大河，於瑠璃色馬口流出瑠璃沙；菩薩摩訶薩亦復如是，以無盡辯，雨百千億那由他不可說法，令其聞者皆得潤洽，究竟入於諸佛法海。如四大河，隨順圍遶無熱池已四方入海；菩薩摩訶薩亦復如是，成就隨順身業、隨順語業、隨順意業，成就智為前導身業、智為前導語業、智為前導意業，四方流注，究竟入於一切智海。佛子！何者名為菩薩四方？佛子！所謂：見一切佛而得開悟，聞一切法受持不忘，圓滿一切波羅蜜行，大悲說法滿足眾生。如四大河圍遶大池，於其中間，優鉢羅華、波頭摩華、拘物頭華、芬陀利華皆悉遍滿；菩薩摩訶薩亦復如是，於菩提心中間，不捨眾生，說法調伏，悉令圓滿無量三昧，見佛國土莊嚴清淨。如無熱大池，寶樹圍遶；菩薩摩訶薩亦復如是，現佛國土莊嚴圍遶，令諸眾生趣向菩提。如無熱大池，其中縱廣五十由旬，清淨無濁；菩薩摩訶薩亦復如是，菩提之心其量無邊，善根充滿，清淨無濁。如無熱大池，以無量寶莊嚴其岸，散栴檀香遍滿其中；菩薩摩訶薩亦復如是，以百千億十種智寶嚴菩提心大願之岸，普散一切眾善妙香。如無熱大池，底布金沙，種種摩尼間錯莊嚴；菩薩摩訶薩亦復如是，微妙智慧周遍觀察，不可思議菩薩解脫種種法寶間錯莊嚴，得一切法無礙光明，住於一切諸佛所住，入於一切甚深方便。如阿那婆達多龍王，永離龍中所有熱惱；菩薩摩訶薩亦復如是，永離一切世間憂惱，雖現受生而無染著。如四大河，潤澤一切閻浮提地，既潤澤已入於大海；菩薩摩訶薩亦復如是，以四智河潤澤天、人、沙門、婆羅門，令其普入阿耨多羅三藐三菩提智慧大海，以*四種力而為莊嚴。何者為四？一者、願智河，救護調伏一切眾生常不休息；二者、波羅蜜智河，修菩提行饒益眾生，去、來、今世相續無盡，究竟入於諸佛智海；三者、菩薩三昧智河，無數三昧以為莊嚴，見一切佛，入諸佛海；四者、大悲智河，大慈自在普救眾生，方便攝取無有休息，修行祕密功德之門，究竟入於十力大海。如四大河，從無熱池既流出已，究竟無盡，入於大海；菩薩摩訶薩亦復如是，以大願力修菩薩行，自在知見無有窮盡，究竟入於一切智海。如四大河，入於大海，無能為礙令不入者；菩薩摩訶薩亦復如是，常勤修習普賢行願，成就一切智慧光明，住於一切佛菩提法，入如來智無有障礙。如四大河，奔流入海，經於累劫亦無疲厭；菩薩摩訶薩亦復如是，以普賢行願，盡未來劫修菩薩行，入如來海不生疲厭。佛子！如日光出時，無熱池中金沙、銀沙、金剛沙、瑠璃沙及餘一切種種寶物，皆有日影於中顯現；其金沙等一切寶物，亦各展轉而現其影，互相鑒徹，無所妨礙。菩薩摩訶薩亦復如是，住此三昧，於自身一一毛孔中，悉見不可說不可說佛刹微塵數諸佛如來，亦見彼佛所有國土道場衆會一一佛所聽法、受持、信解、供養，各經不可說不可說億那由他劫，而不想念時節長短，其諸衆會亦無迫隘。何以故？以微妙心，入無邊法界故，入無等差別業果故，入不思議三昧境界故，入不思議思惟境界故，入一切佛自在境界故，得一切佛所護念故，得一切佛大神變故，得諸如來難得難知十種力故，入普賢菩薩行圓滿境界故，得一切佛無勞倦神通力故。

「佛子！菩薩摩訶薩雖能於定一念入出，而亦不廢長時在定，亦無所著；雖於境界無所依住，而亦不捨一切所緣；雖善入刹那際，而為利益一切衆生，現佛神通無有厭足；雖等入法界，而不得其邊；雖無所住、無有處所，而恒趣入一切智道，以變化力普入無量衆生衆中，具足莊嚴一切世界；雖離世間顛倒分別，超過一切分別之地，亦不捨於種種諸相；雖能具足方便善巧，而究竟清淨；雖不分別菩薩諸地，而皆已善入。佛子！譬如虛空，雖能容受一切諸物，而離有無。菩薩摩訶薩亦復如是，雖普入一切世間，而離世間想；雖勤度一切衆生，而離衆生想；雖深知一切法，而離諸法想；雖樂見一切佛，而離諸佛想；雖善入種種三昧，而知一切法自性皆如，無所染著；雖以無邊辯才演無盡法句，而心恒住離文字法；雖樂觀察無言說法，而恒示現清淨音聲；雖住一切離言法際，而恒示現種種色相；雖教化眾生，而知一切法畢竟性空；雖勤修大悲度脫眾生，而知眾生界無盡無散；雖了達法界常住不變，而以三輪調伏眾生恒不休息；雖常安住如來所住，而智慧清淨，心無怖畏，分別演說種種諸法，轉於法輪常不休息。佛子！是為菩薩摩訶薩第九法界自在大三昧善巧智。」

大方廣佛華嚴經卷第四十二

大方廣佛華嚴經卷第四十三

于闐國三藏實叉難陀奉　制譯

十定品第二十七之四

「佛子！云何為菩薩摩訶薩無礙輪三昧？佛子！菩薩摩訶薩入此三昧時，住無礙身業、無礙語業、無礙意業，住無礙佛國土，得無礙成就眾生智，獲無礙調伏眾生智，放無礙光明，現無礙光明網，示無礙廣大變化，轉無礙清淨法輪，得菩薩無礙自在，普入諸佛力，普住諸佛智，作佛所作，淨佛所淨，現佛神通，令佛歡喜，行如來行，住如來道，常得親近無量諸佛，作諸佛事紹諸佛種。

「佛子！菩薩摩訶薩住此三昧已，觀一切智，總觀一切智，別觀一切智，隨順一切智，顯示一切智，攀緣一切智，見一切智，總見一切智，別見一切智，於普賢菩薩廣大願、廣大心、廣大行、廣大所趣、廣大所入、廣大光明、廣大出現、廣大護念、廣大變化、廣大道，不斷不退，無休無替，無倦無捨，無散無亂，常增進，恒相續。何以故？此菩薩摩訶薩於諸法中，成就大願，發行大乘，入於佛法大方便海；以勝願力，於諸菩薩所行之行，智慧明照皆得善巧，具足菩薩神通變化，善能護念一切衆生，如去、來、今一切諸佛之所護念，於諸衆生恒起大悲，成就如來不變異法。佛子！譬如有人以摩尼寶置色衣中，其摩尼寶雖同衣色，不捨自性；菩薩摩訶薩亦復如是，成就智慧以為心寶，觀一切智普皆明現，然不捨於菩薩諸行。何以故？菩薩摩訶薩發大誓願，利益一切衆生，度脫一切衆生，承事一切諸佛，嚴淨一切世界，安慰衆生，深入法海；為淨衆生界，現大自在，給施衆生，普照世間，入於無邊幻化法門，不退不轉，無疲無厭。佛子！譬如虛空持衆世界，若成若住，無厭無倦，無羸無朽，無散無壞，無變無異，無有差別，不捨自性。何以故？虛空自性，法應爾故。菩薩摩訶薩亦復如是，立無量大願，度一切衆生，心無厭倦。佛子！譬如涅槃，去、來、現在無量衆生於中滅度，終無厭倦。何以故？一切諸法本性清淨是謂涅槃，云何於中而有厭倦？菩薩摩訶薩亦復如是，為欲度脫一切衆生皆令出離而現於世，云何而起疲厭之心？佛子！如薩婆若，能令過去、未來、現在一切菩薩，於諸佛家已、現、當生，乃至令成無上菩提，終不疲厭。何以故？一切智與法界無二故，於一切法無所著故。菩薩摩訶薩亦復如是，其心平等住一切智，云何而有疲厭之心？

「佛子！此菩薩摩訶薩有一蓮華，其華廣大盡十方際，以不可說葉、不可說寶、不可說香而為莊嚴；其不可說寶，復各示現種種衆寶，清淨妙好，極善安住；其華常放衆色光明，普照十方一切世界無所障礙；真金為網，彌覆其上；寶鐸徐搖，出微妙音，其音演暢一切智法。此大蓮華具足如來清淨莊嚴，一切善根之所生起，吉祥為表，神力所現，有十千阿僧祇清淨功德，菩薩妙道之所成就，一切智心之所流出，十方佛影於中顯現，世間瞻仰猶如佛塔，衆生見者無不禮敬，從能了幻正法所生，一切世間不可為諭。菩薩摩訶薩於此華上結跏趺坐，其身大小與華相稱。一切諸佛神力所加，令菩薩身一一毛孔各出百萬億那由他不可說佛剎微塵數光明，一一光明現百萬億那由他不可說佛剎微塵數摩尼寶，其寶皆名：普光明藏，種種色相以為莊嚴，無量功德之所成就，眾寶及華以為羅網彌覆其上，散百千億那由他殊勝妙香，無量色相種種莊嚴，復現不思議寶莊嚴蓋以覆其上。一一摩尼寶悉現百萬億那由他不可說佛剎微塵數樓閣，一一樓閣現百萬億那由他不可說佛剎微塵數蓮華藏師子之座，一一師子座現百萬億那由他不可說佛剎微塵數光明，一一光明現百萬億那由他不可說佛剎微塵數色相，一一色相現百萬億那由他不可說佛剎微塵數光明輪，一一光明輪現百萬億那由他不可說佛剎微塵數毘盧遮那摩尼寶華，一一華現百萬億那由他不可說佛剎微塵數臺，一一臺現百萬億那由他不可說佛剎微塵數佛，一一佛現百萬億那由他不可說佛剎微塵數神變，一一神變淨百萬億那由他不可說佛剎微塵數眾生眾，一一眾生眾中現百萬億那由他不可說佛剎微塵數諸佛自在，一一自在雨百萬億那由他不可說佛剎微塵數佛法，一一佛法有百萬億那由他不可說佛剎微塵數修多羅，一一修多羅說百萬億那由他不可說佛剎微塵數法門，一一法門有百萬億那由他不可說佛剎微塵數金剛智所入法輪，差別言辭各別演說，一一法輪成熟百萬億那由他不可說佛剎微塵數眾生界，一一眾生界有百萬億那由他不可說佛剎微塵數眾生，於佛法中而得調伏。

「佛子！菩薩摩訶薩住此三昧，示現如是神通境界無量變化，悉知如幻而不染著，安住無邊不可說法，自性清淨法界實相，如來種性無礙際中，無去無來，非先非後，甚深無底，現量所得，以智自入，不由他悟，心不迷亂亦無分別。為去、來、今一切諸佛之所稱讚，從諸佛力之所流出，入於一切諸佛境界。體性如實，淨眼現證，慧眼普見，成就佛眼為世明燈，行於智眼所知境界，廣能開示微妙法門。成菩提心，趣勝丈夫，於諸境界無有障礙，入智種性出生諸智，離世生法而現受生，神通變化，方便調伏。如是一切無非善巧，功德解欲悉皆清淨，最極微妙具足圓滿，智慧廣大猶如虛空，善能觀察眾聖境界，信行願力堅固不動，功德無盡世所稱歎。於一切佛所觀之藏，大菩提處一切智海，集眾妙寶，為大智者，猶如蓮華自性清淨，眾生見者皆生歡喜，咸得利益。智光普照，見無量佛，淨一切法，所行寂*靜*，於諸佛法究竟無礙，恒以方便住佛菩提功德行中而得出生，具菩薩智，為菩薩首，一切諸佛共所護念。得佛威神，成佛法身，念力難思，於境一緣而無所緣，其行廣大無相無礙，等于法界無量無邊。所證菩提猶如虛空，無有邊際，無所縛著，於諸世間普作饒益，一切智海善根所流，悉能通達無量境界。已善成就清淨施法，住菩薩心，淨菩薩種，能隨順生諸佛菩提，於諸佛法皆得善巧，具微妙行，成堅固力。一切諸佛自在威神，眾生難聞，菩薩悉知。入不二門住無相法，雖復永捨一切諸相，而能廣說種種諸法，隨諸眾生心樂欲解，悉使調伏，咸令歡喜。法界為身無有分別，智慧境界不可窮盡，志常勇猛，心恒平等。見一切佛功德邊際，了一切劫差別次第，開示一切法，安住一切剎，嚴淨一切諸佛國土，顯現一切正法光明，演去、來、今一切佛法，示諸菩薩所住之處。為世明燈，生諸善根，永離世間，常生佛所，得佛智慧明了第一。一切諸佛皆共攝受，已入未來諸佛之數，從諸善友而得出生，所有志求皆無不果。具大威德，住增上意，隨所聽聞咸能善說，亦為開示聞法善根。住實際輪，於一切法心無障礙；不捨諸行，離諸分別，於一切法心無動念。得智慧明滅諸癡闇，悉能明照一切佛法，不壞諸有而生其中，了知一切諸有境界，從本已來無有動作，身、語、意業皆悉無邊，雖隨世俗演說種種無量文字，而恒不壞離文字法。深入佛海，知一切法但有假名，於諸境界無繫無著；了一切法空無所有，所修諸行從法界生，猶如虛空無相無形。深入法界隨順演說，於一境門生一切智，觀十力地以智修學，智為橋梁至薩婆若，以智慧眼見法無礙，善入諸地知種種義，一一法門悉得明了，所有大願靡不成就。

「佛子！菩薩摩訶薩以此開示一切如來無差別性，此是無礙方便之門，此能出生菩薩衆會，此法唯是三昧境界，此能勇進入薩婆若，此能開顯諸三昧門，此能無礙普入諸刹，此能調伏一切衆生，此能住於無衆生際，此能開示一切佛法，此於境界皆無所得。雖一切時演說開示，而恒遠離忘想分別；雖知諸法皆無所作，而能示現一切作業；雖知諸佛無有二相，而能顯示一切諸佛；雖知無色，而演說諸色；雖知無受，而演說諸受；雖知無想，而演說諸想；雖知無行，而演說諸行；雖知無識，而演說諸識，恒以法輪開示一切；雖知法無生，而常轉法輪；雖知法無差別，而說諸差別門；雖知諸法無有生滅，而說一切生滅之相；雖知諸法無麁無細，而說諸法麁細之相；雖知諸法無上、中、下，而能宣說最上之法；雖知諸法不可言說，而能演說清淨言辭；雖知諸法無內無外，而說一切內外諸法；雖知諸法不可了知，而說種種智慧觀察；雖知諸法無有真實，而說出離真實之道；雖知諸法畢竟無盡，而能演說盡諸有漏；雖知諸法無違無諍，然亦不無自他差別；雖知諸法畢竟無師，而常尊敬一切師長；雖知諸法不由他悟，而常尊敬諸善知識；雖知法無轉，而轉法輪；雖知法無起，而示諸因緣；雖知諸法無有前際，而廣說過去；雖知諸法無有後際，而廣說未來；雖知諸法無有中際，而廣說現在；雖知諸法無有作者，而說諸作業；雖知諸法無有因緣，而說諸集因；雖知諸法無有等比，而說平等、不平等道；雖知諸法無有言說，而決定說三世之法；雖知諸法無有所依，而說依善法而得出離；雖知法無身，而廣說法身；雖知三世諸佛無邊，而能演說唯有一佛；雖知法無色，而現種種色；雖知法無見，而廣說諸見；雖知法無相，而說種種相；雖知諸法無有境界，而廣宣說智慧境界；雖知諸法無有差別，而說行果種種差別；雖知諸法無有出離，而說清淨諸出離行；雖知諸法本來常住，而說一切諸流轉法；雖知諸法無有照明，而恒廣說照明之法。

「佛子！菩薩摩訶薩入如是大威德三昧智輪，則能證得一切佛法，則能趣入一切佛法，則能成就，則能圓滿，則能積集，則能清淨，則能安住，則能了達，與一切法自性相應，而此菩薩摩訶薩不作是念：『有若干諸菩薩、若干菩薩法、若干菩薩究竟、若干幻究竟、若干化究竟、若干神通成就、若干智成就、若干思惟、若干證入、若干趣向、若干境界。』何以故？菩薩三昧，如是體性，如是無邊，如是殊勝故。此三昧種種境界、種種威力、種種深入，所謂：入不可說智門，入離分別諸莊嚴，入無邊殊勝波羅蜜，入無數禪定，入百千億那由他不可說廣大智，入見無邊佛勝妙藏，入於境界不休息，入清淨信解助道法，入諸根猛利大神通，入於境界心無礙，入見一切佛平等眼，入積集普賢勝志行，入住那羅延妙智身，入說如來智慧海，入起無量種自在神變，入生一切佛無盡智門，入住一切佛現前境界，入淨普賢菩薩自在智，入開示無比普門智，入普知法界一切微細境界，入普現法界一切微細境界，入一切殊勝智光明，入一切自在邊際，入一切辯才法門際，入遍法界智慧身，入成就一切處遍行道，入善住一切差別三昧，入知一切諸佛心。

「佛子！此菩薩摩訶薩住普賢行，念念入百億不可說三昧，然不見普賢菩薩三昧及佛境界莊嚴前際。何以故？知一切法究竟無盡故，知一切佛剎無邊故，知一切眾生界不思議故，知前際無始故，知未來無窮故，知現在盡虛空遍法界無邊故，知一切諸佛境界不可思議故，知一切菩薩行無數故，知一切諸佛辯才所說境界不可說無邊故，知一切幻心所緣法無量故。佛子！如如意珠，隨有所求一切皆得，求者無盡，意皆滿足，而珠勢力終不匱止；菩薩摩訶薩亦復如是，入此三昧，知心如幻，出生一切諸法境界，周遍無盡，不匱不息。何以故？菩薩摩訶薩成就普賢無礙行智，觀察無量廣大幻境，猶如影像無增減故。佛子！譬如凡夫，各別生心，已生、現生及以當生，無有邊際，無斷無盡，其心流轉，相續不絕，不可思議；菩薩摩訶薩亦復如是，入此普幻門三昧，無有邊際，不可測量。何以故？了達普賢菩薩普幻門無量法故。

「佛子！譬如難陀、跋難陀、摩那斯龍王及餘大龍降雨之時，滴如車軸，無有邊際，雖如是雨，雲終不盡，此是諸龍無作境界；菩薩摩訶薩亦復如是，住此三昧，入普賢菩薩諸三昧門、智門、法門、見諸佛門、往諸方門、心自在門、加持門、神變門、神通門、幻化門、諸法如幻門、不可說不可說諸菩薩充滿門，親近不可說不可說佛剎微塵數如來正覺門，入不可說不可說廣大幻網門，知不可說不可說差別廣大佛剎門，知不可說不可說有體性、無體性世界門，知不可說不可說眾生想門，知不可說不可說時差別門，知不可說不可說世界成壞門，知不可說不可說覆住、仰住諸佛剎門，於一念中皆如實知。如是入時，無有邊際，無有窮盡，不疲不厭，不斷不息，無退無失；於諸法中不住非處，恒正思惟，不沈不舉；求一切智常無退捨，為一切佛剎照世明燈，轉不可說不可說法輪；以妙辯才諮問如來無窮盡時，示成佛道無有邊際，調伏眾生恒無廢捨，常勤修習普賢行願未曾休息，示現無量不可說不可說色相身無有斷絕。何以故？譬如然火，隨所有緣，於爾所時火起不息。菩薩摩訶薩亦復如是，觀察眾生界、法界、世界，猶如虛空無有邊際，乃至能於一念之頃，往不可說不可說佛剎微塵數佛所，一一佛所入不可說不可說一切智種種差別法；令不可說不可說眾生界出家為道，勤修善根，究竟清淨；令不可說不可說菩薩於普賢行願未決定者而得決定，安住普賢智慧之門；以無量方便，入不可說不可說三世成、住、壞廣大差別劫，於不可說不可說成、住、壞世間差別境界，起於爾所大悲大願，調伏無量一切眾生悉使無餘。何以故？此菩薩摩訶薩為欲度脫一切眾生，修普賢行，生普賢智，滿足普賢所有行願。

「是故，諸菩薩應於如是種類、如是境界、如是威德、如是廣大、如是無量、如是不思議、如是普照明、如是一切諸佛現前住、如是一切如來所護念、如是成就往昔善根、如是其心無礙不動三昧之中，勤加修習，離諸熱惱，無有疲厭，心不退轉，立深志樂，勇猛無怯，順三昧境界，入難思智地。不依文字，不著世間，不取諸法，不起分別，不染著世事，不分別境界，於諸法智但應安住，不應稱量。所謂：親近一切智，悟解佛菩提，成就法光明，施與一切眾生善根。於魔界中拔出眾生，令其得入佛法境界，令不捨大願，勤觀出道，增廣淨境，成就諸度，於一切佛深生信解。常應觀察一切法性，無時暫捨，應知自身與諸法性普皆平等；應當明解世間所作，示其如法智慧方便；應常精進無有休息，應觀自身善根鮮少，應勤增長他諸善根，應自修行一切智道，應勤增長菩薩境界，應樂親近諸善知識，應與同行而共止住，應不分別佛，應不捨離念，應常安住平等法界，應知一切心識如幻，應知世間諸行如夢，應知諸佛願力出現猶如影像，應知一切諸廣大業猶如變化，應知言語悉皆如響，應觀諸法一切如幻，應知一切生滅之法皆如音聲，應知所往一切佛剎皆無體性，應為請問如來佛法不生疲倦；應為開悟一切世間，勤加教誨而不捨離；應為調伏一切眾生，知時說法而不休息。佛子！菩薩摩訶薩如是修行普賢之行，如是圓滿菩薩境界，如是通達出離之道，如是受持三世佛法，如是觀察一切智門，如是思惟不變異法，如是明潔增上志樂，如是信解一切如來，如是了知佛廣大力，如是決定無所礙心，如是攝受一切眾生。

「佛子！菩薩摩訶薩入普賢菩薩所住如是大智慧三昧時，十方各有不可說不可說國土，一一國土各有不可說不可說佛剎微塵數如來名號，一一名號各有不可說不可說佛剎微塵數諸佛而現其前，與如來念力，令不忘失如來境界；與一切法究竟慧，令入一切智；與知一切法種種義決定慧，令受持一切佛法趣入無礙；與無上佛菩提，令入一切智開悟法界；與菩薩究竟慧，令得一切法光明，無諸黑闇；與菩薩不退智，令知時、非時，善巧方便調伏眾生；與無障礙菩薩辯才，令悟解無邊法演說為盡；與神通變化力，令現不可說不可說差別身無邊色相種種不同開悟眾生；與圓滿言音，令現不可說不可說差別音聲種種言辭開悟眾生；與不唐捐力，令一切眾生若得見形、若得聞法皆悉成就，無空過者。

「佛子！菩薩摩訶薩如是滿足普賢行故，得如來力，淨出離道，滿一切智，以無礙辯才神通變化，究竟調伏一切眾生；具佛威德，淨普賢行，住普賢道，盡未來際，為欲調伏一切眾生，轉一切佛微妙法輪。何以故？佛子！此菩薩摩訶薩成就如是殊勝大願諸菩薩行，則為一切世間法師，則為一切世間法日，則為一切世間智月；則為一切世間須彌山王，嶷然高出，堅固不動；則為一切世間無涯智海；則為一切世間正法明燈，普照無邊，相續不斷；為一切衆生開示無邊清淨功德，皆令安住功德善根；順一切智，大願平等，修習普賢廣大之行，常能勸發無量衆生，住不可說不可說廣大行三昧，現大自在。

「佛子！此菩薩摩訶薩獲如是智，證如是法，於如是法審住明見；得如是神力，住如是境界，現如是神變，起如是神通；常安住大悲，常利益衆生，開示衆生安隱正道，建立福智大光明幢；證不思議解脫，住一切智解脫，到諸佛解脫彼岸，學不思議解脫方便門已得成就，入法界差別門無有錯亂，於普賢不可說不可說三昧遊戲自在，住師子奮迅智心意無礙，其心恒住十大法藏。何者為十？所謂：住憶念一切諸佛，住憶念一切佛法，住調伏一切衆生大悲，住示現不思議清淨國土智，住深入諸佛境界決定解，住去、來、現在一切佛平等相菩提，住無礙無著際，住一切法無相性，住去、來、現在一切佛平等善根，住去、來、現在一切如來法界無差別身、語、意業先導智，住觀察三世一切諸佛受生、出家、詣道場、成正覺、轉法輪、般涅槃悉入剎那際。佛子！此十大法藏廣大無量，不可數、不可稱、不可思、不可說、無窮盡、難忍受，一切世智無能稱述。

「佛子！此菩薩摩訶薩已到普賢諸行彼岸，證清淨法，志力廣大，開示眾生無量善根，增長菩薩一切勢力，於念念頃滿足菩薩一切功德，成就菩薩一切諸行，得一切佛陀羅尼法，受持一切諸佛所說；雖常安住真如實際，而隨一切世俗言說，示現調伏一切眾生。何以故？菩薩摩訶薩住此三昧，法如是故。佛子！菩薩摩訶薩以此三昧，得一切佛廣大智，得巧說一切廣大法自在辯才，得一切世中最為殊勝清淨無畏法，得入一切三昧智，得一切菩薩善巧方便，得一切法光明門，到安慰一切世間法彼岸，知一切眾生時、非時，照十方世界一切處，令一切眾生得勝智，作一切世間無上師，安住一切諸功德，開示一切眾生清淨三昧，令入最上智。何以故？菩薩摩訶薩如是修行，則利益眾生，則增長大悲，則親近善知識，則見一切佛，則了一切法，則詣一切剎，則入一切方，則入一切世，則悟一切法平等性，則知一切佛平等性，則住一切智平等性。於此法中，作如是業，不作餘業：住未足心，住不散亂心，住專一心，住勤修心，住決定心，住不變異心；如是思惟，如是作業，如是究竟。

「佛子！菩薩摩訶薩無異語、異作，有如語、如作。何以故？譬如金剛，以不可壞而得其名，終無有時離於不壞；菩薩摩訶薩亦復如是，以諸行法而得其名，終無有時離諸行法。譬如真金，以有妙色而得其名，終無有時離於妙色；菩薩摩訶薩亦復如是，以諸善業而得其名，終無有時離諸善業。譬如日天子，以光明輪而得其名，終無有時離光明輪；菩薩摩訶薩亦復如是，以智慧光而得其名，終無有時離智慧光。譬如須彌山王，以四寶峰處於大海，迥然高出而得其名，終無有時捨離四峰；菩薩摩訶薩亦復如是，以諸善根處在於世，迥然高出而得其名，終無有時捨離善根。譬如大地，以持一切而得其名，終無有時捨離能持；菩薩摩訶薩亦復如是，以度一切而得其名，終無有時捨離大悲。譬如大海，以含衆水而得其名，終無有時捨離於水；菩薩摩訶薩亦復如是，以諸大願而得其名，終不暫捨度衆生願。譬如軍將，以能慣習戰鬪之法而得其名，終無有時捨離此能；菩薩摩訶薩亦復如是，以能慣習如是三昧而得其名，乃至成就一切智智，終無有時捨離此行。如轉輪王，馭四天下，常勤守護一切衆生，令無橫死，恒受快樂；菩薩摩訶薩亦復如是，入如是等諸大三昧，常勤化度一切衆生，乃至令其究竟清淨。譬如種子，植之於地，乃至能令莖葉增長；菩薩摩訶薩亦復如是，修普賢行，乃至能令一切衆生善法增長。譬如大雲，於夏暑月降霔大雨，乃至增長一切種子；菩薩摩訶薩亦復如是，入如是等諸大三昧，修菩薩行，雨大法雨，乃至能令一切衆生究竟清淨、究竟涅槃、究竟安隱、究竟彼岸、究竟歡喜、究竟斷疑，為諸衆生究竟福田，令其施業皆得清淨，令其皆住不退轉道，令其同得一切智智，令其皆得出離三界，令其皆得究竟之智，令其皆得諸佛如來究竟之法，置諸衆生一切智處。何以故？菩薩摩訶薩成就此法，智慧明了，入法界門，能淨菩薩不可思議無量諸行。所謂：能淨諸智，求一切智故；能淨衆生，使調伏故；能淨剎土，常迴向故；能淨諸法，普了知故；能淨無畏，無怯弱故；能淨無礙辯，巧演說故；

能淨陀羅尼，於一切法得自在故；能淨親近行，常見一切佛興世故。佛子！菩薩摩訶薩住此三昧，得如是等百千億那由他不可說不可說清淨功德，於如是等三昧境界得自在故，一切諸佛所加被故，自善根力之所流故，入智慧地大威力故，諸善知識引導力故，摧伏一切諸魔力故，同分善根淳淨力故，廣大誓願欲樂力故，所種善根成就力故，超諸世間無盡之福、無對力故。

「佛子！菩薩摩訶薩住此三昧，得十種法，同去、來、今一切諸佛。何者為十？所謂：得諸相好，種種莊嚴，同於諸佛；能放清淨大光明網，同於諸佛；神通變化，調伏眾生，同於諸佛；無邊色身，清淨圓音，同於諸佛；隨眾生業現淨佛國，同於諸佛；一切眾生所有語言皆能攝持，不忘不失，同於諸佛；無盡辯才隨眾生心而轉法輪令生智慧，同於諸佛；大師子吼無所怯畏，以無量法開悟群生，同於諸佛；於一念頃，以大神通普入三世，同於諸佛；普能顯示一切眾生諸佛莊嚴、諸佛威力、諸佛境界，同於諸佛。」

爾時，普眼菩薩白普賢菩薩言：「佛子！此菩薩摩訶薩得如是法，同諸如來，何故不名佛？何故不名十力？何故不名一切智？何故不名一切法中得菩提者？何故不得名為普眼？何故不名一切境中無礙見者？何故不名覺一切法？何故不名與三世佛無二住者？何故不名住實際者？何故修行普賢行願猶未休息？何故不能究竟法界捨菩薩道？」

爾時，普賢菩薩告普眼菩薩言：「善哉！佛子！如汝所言，若此菩薩摩訶薩同一切佛，以何義故不名為佛？乃至不能捨菩薩道？佛子！此菩薩摩訶薩已能修習去、來、今世一切菩薩種種行願，入智境界，則名為佛；於如來所修菩薩行無有休息，說名菩薩。如來諸力皆悉已入，則名十力；雖成十力，行普賢行而無休息，說名菩薩。知一切法而能演說，名一切智；雖能演說一切諸法，於一一法善巧思惟未嘗止息，說名菩薩。知一切法無有二相，是則說名悟一切法；於二、不二一切諸法差別之道善巧觀察，展轉增勝無有休息，說名菩薩。已能明見普眼境界，說名普眼；雖能證得普眼境界，念念增長未曾休息，說名菩薩。於一切法悉能明照，離諸闇障，名無礙見；常勤憶念無礙見者，說名菩薩。已得諸佛智慧之眼，是則說名覺一切法；觀諸如來正覺智眼而不放逸，說名菩薩。住佛所住，與佛無二，說名與佛無二住者；為佛攝受，修諸智慧，說名菩薩。常觀一切世間實際，是則說名住實際者；雖常觀察諸法實際，而不證入亦不捨離，說名菩薩。不來不去，無同無異，此等分別悉皆永息，是則說名休息願者；廣大修習，圓滿不退，則名未息普賢願者。了知法界無有邊際，一切諸法一相無相，是則說名究竟法界捨菩薩道；雖知法界無有邊際，而知一切種種異相，起大悲心度諸衆生，盡未來際無有疲厭，是則說名普賢菩薩。

「佛子！譬如伊羅鉢那象王，住金脇山七寶窟中，其窟周圍悉以七寶而為欄楯，寶多羅樹次第行列，真金羅網彌覆其上；象身潔白猶如珂雪，上立金幢，金為瓔珞，寶網覆鼻，寶鈴垂下，七肢成就，六牙具足，端正充滿，見者欣樂，調良善順，心無所逆。若天帝釋將欲遊行，爾時象王即知其意，便於寶窟而沒其形，至忉利天釋主之前，以神通力種種變現，令其身有三十三頭，於一一頭化作七牙，於一一牙化作七池，一一池中有七蓮華，一一華中有七采女，一時俱奏百千天樂。是時，帝釋乘茲寶象，從難勝殿往詣華園，芬陀利華遍滿其中。是時，帝釋至華園已，從象而下，入於一切寶莊嚴殿，無量采女以為侍從，歌詠妓樂受諸快樂。爾時，象王復以神通隱其象形現作天身，與三十三天及諸采女，於芬陀利華園之內歡娛戲樂，所現身相、光明衣服、往來進止、語笑觀瞻，皆如彼天，等無有異，無能分別；此象、此天，象之與天，更互相似。佛子！彼伊羅鉢那象王，於金脇山七寶窟中無所變化，至於三十三天之上，為欲供養釋提桓因，化作種種諸可樂物，受天快樂，與天無異。佛子！菩薩摩訶薩亦復如是，修習普賢菩薩行願及諸三昧以為衆寶莊嚴之具，七菩提分為菩薩身，所放光明以之為網，建大法幢，鳴大法鐘，大悲為窟，堅固大願以為其牙，智慧無畏猶如師子，法繒繫頂，開示祕密，到諸菩薩行願彼岸。為欲安處菩提之座，成一切智，得最正覺，增長普賢廣大行願，不退不息，不斷不捨，大悲精進，盡未來際度脫一切苦惱衆生。不捨普賢道，現成最正覺，現不可說不可說成正覺門，現不可說不可說轉法輪門，現不可說不可說住深心門；於不可說不可說廣大國土，現涅槃變化門；於不可說不可說差別世界，而現受生修普賢行；現不可說不可說如來，於不可說不可說廣大國土菩提樹下成最正覺，不可說不可說菩薩眾親近圍遶。或於一念頃，修普賢行而成正覺，或須臾頃，或於一時，或於一日，或於半月，或於一月，或於一年，或無數年，或於一劫，如是乃至不可說不可說劫，修普賢行而成正覺。復於一切諸佛剎中而為上首，親近於佛，頂禮供養，請問觀察如幻境界，淨修菩薩無量諸行、無量諸智、種種神變、種種威德、種種智慧、種種境界、種種神通、種種自在、種種解脫、種種法明、種種教化調伏之法。

「佛子！菩薩摩訶薩本身不滅，以行願力於一切處如是變現。何以故？欲以普賢自在神力調伏一切諸眾生故，令不可說不可說眾生得清淨故，令其永斷生死輪故，嚴淨廣大諸世界故，常見一切諸如來故，深入一切佛法流故，憶念三世諸佛種故，憶念十方一切佛法及法身故，普修一切菩薩諸行使圓滿故，入普賢流自在能證一切智故。佛子！汝應觀此菩薩摩訶薩，不捨普賢行，不斷菩薩道，見一切佛，證一切智，自在受用一切智法。如伊羅鉢那象王不捨象身，往三十三天，為天所乘，受天快樂，作天遊戲，承事天主，與天采女而作歡娛，同於諸天無有差別。佛子！菩薩摩訶薩亦復如是，不捨普賢大乘諸行，不退諸願，得佛自在，具一切智，證佛解脫，無障無礙，成就清淨，於諸國土無所染著，於佛法中無所分別；雖知諸法普皆平等無有二相，而恒明見一切佛土；雖已等同三世諸佛，而修菩薩行相續不斷。佛子！菩薩摩訶薩安住如是普賢行願廣大之法，當知是人心得清淨。佛子！此是菩薩摩訶薩第十無礙輪大三昧殊勝心廣大智。

「佛子！此是菩薩摩訶薩所住普賢行十大三昧輪。」

大方廣佛華嚴經卷第四十三

大方廣佛華嚴經卷第四十九

于闐國三藏實叉難陀奉　制譯

普賢行品第三十六

爾時，普賢菩薩摩訶薩復告諸菩薩大眾言：「佛子！如向所演，此但隨眾生根器所宜，略說如來少分境界。何以故？諸佛世尊為諸眾生無智作惡，計我、我所，執著於身，顛倒疑惑，邪見分別，與諸結縛恒共相應，隨生死流遠如來道故，出興于世。

「佛子！我不見一法為大過失如諸菩薩於他菩薩起瞋心者。何以故？佛子！若諸菩薩於餘菩薩起瞋恚心，即成就百萬障門故。何等為百萬障？所謂：不見菩提障，不聞正法障；生不淨世界障，生諸惡趣障，生諸難處障；多諸疾病障，多被謗毀障，生頑鈍諸趣障；壞失正念障，闕少智慧障；眼障，耳障，鼻障，舌障，身障，意障；惡知識障，惡伴黨障；樂習小乘障，樂近凡庸障，不信樂大威德人障，樂與離正見人同住障；生外道家障，住魔境界障，離佛正教障；不見善友障，善根留難障；增不善法障，得下劣處障；生邊地障，生惡人家障，生惡神中障，生惡龍、惡夜叉、惡乾闥婆、惡阿脩羅、惡迦樓羅、惡緊那羅、惡摩睺羅伽、惡羅剎中障；不樂佛法障，習童蒙法障；樂著小乘障，不樂大乘障；性多驚怖障，心常憂惱障，愛著生死障；不專佛法障，不喜見聞佛自在神通障；不得菩薩諸根障，不行菩薩淨行障；退怯菩薩深心障，不生菩薩大願障，不發一切智心障；於菩薩行懈怠障，不能淨治諸業障，不能攝取大福障；智力不能明利障，斷於廣大智慧障；不護持菩薩諸行障，樂誹謗一切智語障；遠離諸佛菩提障，樂住眾魔境界障；不專修佛境界障，不決定發菩薩弘誓障；不樂與菩薩同住障，不求菩薩善根障；性多見疑障，心常愚闇障；不能行菩薩平等施故，起不捨障；不能持如來戒故，起破戒障；不能入堪忍門故，起愚癡、惱害、瞋恚障；不能行菩薩大精進故，起懈怠垢障；不能得諸三昧故，起散亂障；不修治般若波羅蜜故，起惡慧障；於處、非處中無善巧障，於度眾生中無方便障；於菩薩智慧中不能觀察障，於菩薩出離法中不能了知障；不成就菩薩十種廣大眼故，眼如生盲障；耳不聞無礙法故，口如啞羊障；不具相好故，鼻根破壞障；不能辨了眾生語言故，成就舌根障；輕賤眾生故，成就身根障；心多狂亂故，成就意根障；不持三種律儀故，成就身業障；恒起四種過失故，成就語業障；多生貪、瞋、邪見故，成就意業障；賊心求法障，斷絕菩薩境界障；於菩薩勇猛法中心生退怯障，於菩薩出離道中心生嬾惰障，於菩薩智慧光明門中心生止息障，於菩薩念力中心生劣弱障；於如來教法中不能住持障，於菩薩離生道不能親近障，於菩薩無失壞道不能修習障；隨順二乘正位障，遠離三世諸佛菩薩種性障。

「佛子！若菩薩於諸菩薩起一瞋心，則成就如是等百萬障門。何以故？佛子！我不見有一法為大過惡如諸菩薩於餘菩薩起瞋心者。是故，諸菩薩摩訶薩欲疾滿足諸菩薩行，應勤修十種法。何等為十？所謂：心不棄捨一切眾生，於諸菩薩生如來想，永不誹謗一切佛法，知諸國土無有窮盡，於菩薩行深生信樂，不捨平等虛空法界菩提之心，觀察菩提入如來力，精勤修習無礙辯才，教化眾生無有疲厭，住一切世界心無所著，是為十。

「佛子！菩薩摩訶薩安住此十法已，則能具足十種清淨。何等為十？所謂：通達甚深法清淨，親近善知識清淨，護持諸佛法清淨，了達虛空界清淨，深入法界清淨，觀察無邊心清淨，與一切菩薩同善根清淨，不著諸劫清淨，觀察三世清淨，修行一切諸佛法清淨，是為十。

「佛子！菩薩摩訶薩住此十法已，則具足十種廣大智。何等為十？所謂：知一切眾生心行智，知一切眾生業報智，知一切佛法智，知一切佛法深密理趣智，知一切陀羅尼門智，知一切文字辯才智，知一切眾生語言、音聲、辭辯善巧智，於一切世界中普現其身智，於一切眾會中普現影像智，於一切受生處中具一切智智，是為十。

「佛子！菩薩摩訶薩住此十智已，則得入十種普入。何等為十？所謂：一切世界入一毛道，一毛道入一切世界；一切眾生身入一身，一身入一切眾生身；不可說劫入一念，一念入不可說劫；一切佛法入一法，一法入一切佛法；不可說處入一處，一處入不可說處；不可說根入一根，一根入不可說根；一切根入非根，非根入一切根；一切想入一想，一想入一切想；一切言音入一言音，一言音入一切言音；一切三世入一世，一世入一切三世；是為十。

「佛子！菩薩摩訶薩如是觀察已，則住十種勝妙心。何等為十？所謂：住一切世界語言非語言勝妙心，住一切眾生想念無所依止勝妙心，住究竟虛空界勝妙心，住無邊法界勝妙心，住一切深密佛法勝妙心，住甚深無差別法勝妙心，住除滅一切疑惑勝妙心，住一切世平等無差別勝妙心，住三世諸佛平等勝妙心，住一切諸佛力無量勝妙心，是為十。

「佛子！菩薩摩訶薩住此十種勝妙心已，則得十種佛法善巧智。何等為十？所謂：了達甚深佛法善巧智，出生廣大佛法善巧智，宣說種種佛法善巧智，證入平等佛法善巧智，明了差別佛法善巧智，悟解無差別佛法善巧智，深入莊嚴佛法善巧智，一方便入佛法善巧智，無量方便入佛法善巧智，知無邊佛法無差別善巧智，以自心自力於一切佛法不退轉善巧智，是為十。佛子！菩薩摩訶薩聞此法已，咸應發心，恭敬受持。何以故？菩薩摩訶薩持此法者，少作功力，疾得阿耨多羅三藐三菩提，皆得具足一切佛法，悉與三世諸佛法等。」

爾時，佛神力故，法如是故，十方各有十不可說百千億那由他佛剎微塵數世界六種震動，雨出過諸天一切華雲、香雲、末香雲、衣蓋、幢幡、摩尼寶等及以一切莊嚴具雲，雨衆妓樂雲，雨諸菩薩雲，雨不可說如來色相雲，雨不可說讚歎如來善哉雲，雨如來音聲充滿一切法界雲，雨不可說莊嚴世界雲，雨不可說增長菩提雲，雨不可說光明照耀雲，雨不可說神力說法雲。如此世界四天下菩提樹下菩提場菩薩宮殿中，見於如來成等正覺演說此法，十方一切諸世界中悉亦如是。

爾時，佛神力故，法如是故，十方各過十不可說佛剎微塵數世界外，有十佛剎微塵數菩薩摩訶薩來詣此土，充滿十方，作如是言：「善哉！善哉！佛子！乃能說此諸佛如來最大誓願授記深法。佛子！我等一切同名普賢，各從普勝世界普幢自在如來所來詣此土，悉以佛神力故，於一切處演說此法；如此衆會，如是所說，一切平等無有增減。我等皆承佛威神力，來此道場為汝作證。如此道場，我等十佛剎微塵數菩薩而來作證，十方一切諸世界中悉亦如是。」

爾時，普賢菩薩摩訶薩以佛神力、自善根力，觀察十方洎乎法界，欲開示菩薩行，欲宣說如來菩提界，欲說大願界，欲說一切世界劫數，欲明諸佛隨時出現，欲說如來隨根熟衆生出現令其供養，欲明如來出世功不唐捐，欲明所種善根必獲果報，欲明大威德菩薩為一切衆生現形說法令其開悟，而說頌言：

汝等應歡喜，捨離於諸蓋，一心恭敬聽，菩薩諸願行。
往昔諸菩薩，最勝人師子，如彼所修行，我當次第說。
亦說諸劫數，世界并諸業，及以無等尊，於彼而出興。
如是過去佛，大願出于世，云何為衆生，滅除諸苦惱？
一切論師子，所行相續滿，得佛平等法，一切智境界。

見於過去世，一切人師子，放大光明網，普照十方界。
思惟發是願：我當作世燈，具足佛功德，十力一切智；
一切諸眾生，貪恚癡熾然，我當悉救脫，令滅惡道苦。
發如是誓願，堅固不退轉，具修菩薩行，獲十無礙力。
如是誓願已，修行無退怯，所作皆不虛，說名論師子。
於一賢劫中，千佛出于世，彼所有普眼，我當次第說。
如一賢劫中，無量劫亦然，彼未來佛行，我當分別說。
如一佛剎種，無量剎亦然，未來十力尊，諸行我今說。
諸佛次興世，隨願隨名號，隨彼所得記，隨其所壽命，
隨所修正法，專求無礙道；隨所化眾生，正法住於世；
隨所淨佛剎，眾生及法輪，演說時非時，次第淨群生；
隨諸眾生業，所行及信解，上中下不同，化彼令修習。
入於如是智，修其最勝行，常作普賢業，廣度諸眾生。

身業無障礙，語業悉清淨，意行亦如是，三世靡不然。
菩薩如是行，究竟普賢道，出生淨智日，普照於法界。
未來世諸劫，國土不可說，一念悉了知，於彼無分別。
行者能趣入，如是最勝地，此諸菩薩法，我當說少分。
智慧無邊際，通達佛境界，一切皆善入，所行不退轉。
具足普賢慧，成滿普賢願，入於無等智，我當說彼行。
於一微塵中，悉見諸世界，眾生若聞者，迷亂心發狂。
如於一微塵，一切塵亦然，世界悉入中，如是不思議。
一一塵中有，十方三世法，趣剎皆無量，悉能分別知。
一一塵中有，無量種佛剎，種種皆無量，於一靡不知。
法界中所有，種種諸異相，趣類各差別，悉能分別知。
深入微細智，分別諸世界，一切劫成壞，悉能明了說。
知諸劫修短，三世即一念，眾行同不同，悉能分別知。

深入諸世界，廣大非廣大，一身無量剎，一剎無量身。
十方中所有，異類諸世界，廣大無量相，一切悉能知。
一切三世中，無量諸國土，具足甚深智，悉了彼成敗。
十方諸世界，有成或有壞，如是不可說，賢德悉深了。
或有諸國土，種種地嚴飾；諸趣亦復然，斯由業清淨。
或有諸世界，無量種雜染；斯由眾生感，一切如其行。
無量無邊剎，了知即一剎，如是入諸剎，其數不可知。
一切諸世界，悉入一剎中，世界不為一，亦復無雜亂。
世界有仰覆，或高或復下，皆是眾生想，悉能分別知。
廣博諸世界，無量無有邊，知種種是一，知一是種種。
普賢諸佛子，能以普賢智，了知諸剎數，其數無邊際。
知諸世界化，剎化眾生化，法化諸佛化，一切皆究竟。
一切諸世界，微細廣大剎，種種異莊嚴，皆由業所起。

無量諸佛子，善學入法界，神通力自在，普遍於十方。
衆生數等劫，說彼世界名，亦不能令盡，唯除佛開示。
世界及如來，種種諸名號，經於無量劫，說之不可盡。
何況最勝智，三世諸佛法，從於法界生，充滿如來地！
清淨無礙念，無邊無礙慧，分別說法界，得至於彼岸。
過去諸世界，廣大及微細，修習所莊嚴，一念悉能知。
其中人師子，修佛種種行，成於等正覺，示現諸自在。
如是未來世，次第無量劫，所有人中尊，菩薩悉能知。
所有諸行願，所有諸境界，如是勤修行，於中成正覺。
亦知彼衆會，壽命化衆生，以此諸法門，為衆轉法輪。
菩薩如是知，住普賢行地，智慧悉明了，出生一切佛。
現在世所攝，一切諸佛土，深入此諸剎，通達於法界。
彼諸世界中，現在一切佛，於法得自在，言論無所礙。

亦知彼衆會，淨土應化力，盡無量億劫，常思惟是事。
調御世間尊，所有威神力，無盡智慧藏，一切悉能知。
出生無礙眼，無礙耳鼻身，無礙廣長舌，能令衆歡喜。
最勝無礙心，廣大普清淨，智慧遍充滿，悉知三世法。
善學一切化，剎化衆生化，世化調伏化，究竟化彼岸。
世間種種別，皆由於想住，入佛方便智，於此悉明了。
衆會不可說，一一為現身，悉使見如來，度脫無邊衆。
諸佛甚深智，如日出世間，一切國土中，普現無休息。
了達諸世間，假名無有實，衆生及世界，如夢如光影。
於諸世間法，不生分別見，善離分別者，亦不見分別。
無量無數劫，解之即一念，知念亦無念，如是見世間。
無量諸國土，一念悉超越，經於無量劫，不動於本處。
不可說諸劫，即是須臾頃，莫見修與短，究竟剎那法。

心住於世間，世間住於心，於此不妄起，二非二分別。
眾生世界劫，諸佛及佛法，一切如幻化，法界悉平等。
普於十方剎，示現無量身，知身從緣起，究竟無所著。
依於無二智，出現人師子，不著無二法，知無二非二。
了知諸世間，如焰如光影，如響亦如夢，如幻如變化。
如是隨順入，諸佛所行處，成就普賢智，普照深法界。
眾生剎染著，一切皆捨離，而興大悲心，普淨諸世間。
菩薩常正念，論師子妙法，清淨如虛空，而興大方便。
見世常迷倒，發心咸救度，所行皆清淨，普遍諸法界。
諸佛及菩薩，佛法世間法，若見其真實，一切無差別。
如來法身藏，普入世間中，雖在於世間，於世無所著。
譬如清淨水，影像無來去；法身遍世間，當知亦如是。
如是離染著，身世皆清淨，湛然如虛空，一切無有生。

知身無有盡，無生亦無滅，非常非無常，示現諸世間。
除滅諸邪見，開示於正見，法性無來去，不著我我所。
譬如工幻師，示現種種事，其來無所從，去亦無所至。
幻性非有量，亦復非無量，於彼大眾中，示現量無量。
以此寂定心，修習諸善根，出生一切佛，非量非無量。
有量及無量，皆悉是妄想，了達一切趣，不著量無量。
諸佛甚深法，廣大深寂滅，甚深無量智，知甚深諸趣。
菩薩離迷倒，心淨常相續，巧以神通力，度無量眾生。
未安者令安，安者示道場，如是遍法界，其心無所著。
不住於實際，不入於涅槃，如是遍世間，開悟諸群生。
法數眾生數，了知而不著，普雨於法雨，充洽諸世間。
普於諸世界，念念成正覺，而修菩薩行，未曾有退轉。
世間種種身，一切悉了知；如是知身法，則得諸佛身。

普知諸衆生，諸劫及諸剎，十方無涯際，智海無不入。
衆生身無量，一一為現身；佛身無有邊，智者悉觀見。
一念之所知，出現諸如來，經於無量劫，稱揚不可盡。
諸佛能現身，處處般涅槃，一念中無量，舍利各差別。
如是未來世，有求於佛果，無量菩提心，決定智悉知。
如是三世中，所有諸如來，一切悉能知，名住普賢行。
如是分別知，無量諸行地，入於智慧處，其輪不退轉。
微妙廣大智，深入如來境，入已不退轉，說名普賢慧。
一切最勝尊，普入佛境界，修行不退轉，得無上菩提。
無量無邊心，各各差別業，皆由想積集，平等悉了知。
染污非染污，學心無學心，不可說諸心，念念中悉知。
了知非一二，非染亦非淨，亦復無雜亂，皆從自想起。
如是悉明見，一切諸衆生，心想各不同，起種種世間。

以如是方便，修諸最勝行，從佛法化生，得名為普賢。
衆生皆妄起，善惡諸趣想，由是或生天，或復墮地獄。
菩薩觀世間，妄想業所起，妄想無邊故，世間亦無量。
一切諸國土，想網之所現，幻網方便故，一念悉能入。
眼耳鼻舌身，意根亦如是，世間想別異，平等皆能入。
一一眼境界，無量眼皆入，種種性差別，無量不可說。
所見無差別，亦復無雜亂，各隨於自業，受用其果報。
普賢力無量，悉知彼一切，一切眼境界，大智悉能入。
如是諸世間，悉能分別知，而修一切行，亦復無退轉。
佛說衆生說，及以國土說，三世如是說，種種悉了知。
過去中未來，未來中現在，三世互相見，一一皆明了。
如是無量種，開悟諸世間，一切智方便，邊際不可得。

大方廣佛華嚴經卷第四十九

大方廣佛華嚴經卷第八十

于闐國三藏實叉難陀奉　制譯

入法界品第三十九之二十一

爾時，善財童子依彌勒菩薩摩訶薩教，漸次而行，經由一百一十餘城已，到普門國蘇摩那城，住其門所，思惟文殊師利，隨順觀察，周旋求覓，希欲奉覲。是時，文殊師利遙伸右手，過一百一十由旬，按善財頂，作如是言：「善哉！善哉！善男子！若離信根，心劣憂悔，功行不具，退失精勤，於一善根心生住著，於少功德便以為足，不能善巧發起行願，不為善知識之所攝護，不為如來之所憶念，不能了知如是法性、如是理趣、如是法門、如是所行、如是境界，若周遍知、若種種知、若盡源底，若解了、若趣入、若解說、若分別、若證知、若獲得，皆悉不能。」

是時，文殊師利宣說此法，示教利喜，令善財童子成就阿僧祇法門，具足無量大智光明，令得菩薩無邊際陀羅尼、無邊際願、無邊際三昧、無邊際神通、無邊際智，令入普賢行道場，及置善財自所住處，文殊師利還攝不現。

於是，善財思惟觀察，一心願見文殊師利，及見三千大千世界微塵數諸善知識，悉皆親近，恭敬承事，受行其教，無有違逆；增長趣求一切智慧，廣大悲海，益大慈雲，普觀眾生，生大歡喜，安住菩薩寂靜法門；普緣一切廣大境界，學一切佛廣大功德，入一切佛決定知見，增一切智助道之法，善修一切菩薩深心，知三世佛出興次第；入一切法海，轉一切法輪，生一切世間，入於一切菩薩願海，住一切劫修菩薩行，照明一切如來境界，長養一切菩薩諸根，獲一切智清淨光明，普照十方，除諸暗障，智周法界；於一切佛剎、一切諸有，普現其身，靡不周遍；摧一切障，入無礙法，住於法界平等之地；觀察普賢解脫境界，即聞普賢菩薩摩訶薩名字、行願、助道、正道、諸地地、方便地、入地、勝進地、住地、修習地、境界地、威力地，同住渴仰，欲見普賢菩薩。即於此金剛藏菩提場，毘盧遮那如來師子座前，一切寶蓮華藏座上，起等虛空界廣大心、捨一切剎離一切著無礙心、普行一切無礙法無礙心、遍入一切十方海無礙心、普入一切智境界清淨心、觀道場莊嚴明了心、入一切佛法海廣大心、化一切眾生界周遍心、淨一切國土無量心、住一切劫無盡心、趣如來十力究竟心。

善財童子起如是心時，由自善根力、一切如來所加被力、普賢菩薩同善根力故，見十種瑞相。何等為十？所謂：見一切佛剎清淨，一切如來成正等覺；見一切佛剎清淨，無諸惡道；見一切佛剎清淨，眾妙蓮華以為嚴飾；見一切佛剎清淨，一切眾生身心清淨；見一切佛剎清淨，種種眾寶之所莊嚴；見一切佛剎清淨，一切眾生諸相嚴身；見一切佛剎清淨，諸莊嚴雲以覆其上；見一切佛剎清淨，一切眾生互起慈心，遞相利益，不為惱害；見一切佛剎清淨，道場莊嚴；見一切佛剎清淨，一切眾生心常念佛；是為十。

又見十種光明相。何等為十？所謂：見一切世界所有微塵，一一塵中，出一切世界微塵數佛光明網雲，周遍照耀；一一塵中，出一切世界微塵數佛光明輪雲，種種色相周遍法界；一一塵中，出一切世界微塵數佛色像寶雲，周遍法界；一一塵中，出一切世界微塵數佛光焰輪雲，周遍法界；一一塵中，出一切世界微塵數眾妙香雲，周遍十方，稱讚普賢一切行願大功德海；一一塵中，出一切世界微塵數日月星宿雲，皆放普賢菩薩光明，遍照法界；一一塵中，出一切世界微塵數一切眾生身色像雲，放佛光明，遍照法界；一一塵中，出一切世界微塵數一切佛色像摩尼雲，周遍法界；一一塵中，出一切世界微塵數菩薩身色像雲，充滿法界，令一切眾生皆得出離，所願滿足；一一塵中，出一切世界微塵數如來身色像雲，說一切佛廣大誓願，周遍法界；是為十。

時，善財童子見此十種光明相已，即作是念：「我今必見普賢菩薩，增益善根，見一切佛；於諸菩薩廣大境界，生決定解，得一切智。」

於時，善財普攝諸根，一心求見普賢菩薩，起大精進，心無退轉。即以普眼觀察十方一切諸佛、諸菩薩衆所見境界，皆作得見普賢之想；以智慧眼觀普賢道，其心廣大猶如虛空，大悲堅固猶如金剛，願盡未來常得隨逐普賢菩薩，念念隨順，修普賢行，成就智慧，入如來境，住普賢地。

時，善財童子即見普賢菩薩，在如來前衆會之中，坐寶蓮華師子之座，諸菩薩衆所共圍遶，最為殊特，世無與等；智慧境界無量無邊，難測難思，等三世佛，一切菩薩無能觀察。見普賢身一一毛孔出一切世界微塵數光明雲，遍法界、虛空界一切世界，除滅一切衆生苦患，令諸菩薩生大歡喜；見一一毛孔出一切佛剎微塵數種種色香焰雲，遍法界、虛空界一切諸佛衆會道場而以普熏；見一一毛孔出一切佛剎微塵數雜華雲，遍法界、虛空界一切諸佛衆會道場雨衆妙華；見一一毛孔出一切佛剎微塵數香樹雲，遍法界、虛空界一切諸佛衆會道場雨衆妙香；見一一毛孔出一切佛剎微塵數妙衣雲，遍法界、虛空界一切諸佛衆會道場雨衆妙衣；見一一毛孔出一切佛剎微塵數寶樹雲，遍法界、虛空界一切諸佛衆會道場雨摩尼寶；見一一毛孔出一切佛剎微塵數色界天身雲，充滿法界歎菩提心；見一一毛孔出一切佛剎微塵數梵天身雲，勸諸如來轉妙法輪；見一一毛孔出一切佛剎微塵數欲界天主身雲，護持一切如來法輪；見一一毛孔念念中出一切佛剎微塵數三世佛剎雲，遍法界、虛空界，為諸衆生無歸趣者為作歸趣，無覆護者為作覆護，無依止者為作依止；見一一毛孔念念中出一切佛剎微塵數清淨佛剎雲，遍法界、虛空界，一切諸佛於中出世，菩薩衆會悉皆充滿；見一一毛孔念念中出一切佛剎微塵數淨不淨佛剎雲，遍法界、虛空界，令雜染衆生皆得清淨；見一一毛孔念念中出一切佛剎微塵數不淨淨佛剎雲，遍法界、虛空界，令雜染衆生皆得清淨；見一一毛孔念念中出一切佛剎微塵數不淨佛剎雲，遍法界、虛空界，令純染衆生皆得清淨；見一一毛孔念念中出一切佛剎微塵數衆生身雲，遍法界、虛空界，隨其所應，教化衆生，皆令發阿耨多羅三藐三菩提心；見一一毛孔念念中出一切佛剎微塵數菩薩身雲，遍法界、虛空界，稱揚種種諸佛名號，令諸衆生增長善根。見一一毛孔念念中出一切佛剎微塵數菩薩身雲，遍法界、虛空界一切佛剎，宣揚一切諸佛菩薩從初發意所生善根；見一一毛孔念念中出一切佛剎微塵數菩薩身雲，遍法界、虛空界，於一切佛剎一一剎中，宣揚一切菩薩願海及普賢菩薩清淨妙行；見一一毛孔念念中出普賢菩薩行雲，令一切眾生心得滿足，具足修集一切智道；見一一毛孔出一切佛剎微塵數正覺身雲，於一切佛剎，現成正覺，令諸菩薩增長大法，成一切智。

爾時，善財童子見普賢菩薩如是自在神通境界，身心遍喜，踊躍無量；重觀普賢一一身分、一一毛孔，悉有三千大千世界，風輪、水輪、地輪、火輪，大海、江河及諸寶山、須彌、鐵圍，村營、城邑、宮殿、園苑，一切地獄、餓鬼、畜生、閻羅王界，天龍八部、人與非人，欲界、色界、無色界處，日月星宿、風雲雷電、晝夜月時及以年劫諸佛出世、菩薩眾會、道場莊嚴；如是等事，悉皆明見。如見此世界，十方所有一切世界悉如是見；如見現在十方世界，前際、後際一切世界亦如是見，各各差別，不相雜亂。如於此毘盧遮那如來所，示現如是神通之力；於東方蓮華德世界賢首佛所，現神通力亦復如是。如賢首佛所，如是東方一切世界，如東方，南西北方、四維上下一切世界諸如來所，現神通力當知悉爾。如十方一切世界，如是十方一切佛剎，一一塵中皆有法界諸佛眾會，一一佛所普賢菩薩坐寶蓮華師子座上現神通力悉亦如是。彼一一普賢身中，皆現三世一切境界、一切佛剎、一切眾生、一切佛出現、一切菩薩眾，及聞一切眾生言音、一切佛言音、一切如來所轉法輪、一切菩薩所成諸行、一切如來遊戲神通。

善財童子見普賢菩薩如是無量不可思議大神通力，即得十種智波羅蜜。何等為十?所謂：於念念中，悉能周遍一切佛剎智波羅密；於念念中，悉能往詣一切佛所智波羅蜜；於念念中，悉能供養一切如來智波羅蜜；於念念中，普於一切諸如來所聞法受持智波羅蜜，於念念中，思惟一切如來法輪智波羅蜜；於念念中，知一切佛不可思議*大神通事智波羅蜜；於念念中，說一句法盡未來際辯才無盡智波羅蜜；於念念中，以深般若觀一切法智波羅蜜；於念念中，入一切法界實相海智波羅蜜；於念念中，知一切眾生心智波羅蜜；於念念中，普賢慧行皆現在前智波羅蜜。

善財童子既得是已，普賢菩薩即伸右手摩觸其頂。既摩頂已，善財即得一切佛剎微塵數三昧門，各以一切佛剎微塵數三昧而為眷屬；一一三昧，悉見昔所未見一切佛剎微塵數佛大海，集一切佛剎微塵數一切智助道具，生一切佛剎微塵數一切智上妙法，發一切佛剎微塵數一切智大誓願，入一切佛剎微塵數大願海，住一切佛剎微塵數一切智出要道，修一切佛剎微塵數諸菩薩所修行，起一切佛剎微塵數一切智大精進，得一切佛剎微塵數一切智淨光明。如此娑婆世界毘盧遮那佛所，普賢菩薩摩善財頂；如是十方所有世界，及彼世界一一塵中一切世界一切佛所，普賢菩薩悉亦如是摩善財頂，所得法門亦皆同等。

爾時，普賢菩薩摩訶薩告善財言：「善男子！汝見我此神通力不？」

「唯然！已見。大聖！此不思議大神通事，唯是如來之所能知。」

普賢告言：「善男子！我於過去不可說不可說佛剎微塵數劫，行菩薩行，求一切智；一一劫中，為欲清淨菩提心故，承事不可說不可說佛剎微塵數佛；一一劫中，為集一切智福德具故，設不可說不可說佛剎微塵數廣大施會，一切世間咸使聞知，凡有所求悉令滿足；一一劫中，為求一切智法故，以不可說不可說佛剎微塵數財物布施；一一劫中，為求佛智故，以不可說不可說佛剎微塵數城邑、聚落、國土、王位、妻子、眷屬、眼、耳、鼻、舌、身、肉、手、足乃至身命而為布施；一一劫中，為求一切智首故，以不可說不可說佛剎微塵數頭而為布施；一一劫中，為求一切智故，於不可說不可說佛剎微塵數諸如來所，恭敬尊重，承事供養，衣服、臥具、飲食、湯藥，一切所須悉皆奉施，於其法中出家學道，修行佛法，護持正教。

「善男子！我於爾所劫海中，自憶未曾於一念間不順佛教，於一念間生瞋害心、我我所心、自他差別心、遠離菩提心，於生死中起疲厭心、懶惰心、障礙心、迷惑心，唯住無上不可沮壞集一切智助道之法大菩提心。

「善男子！我莊嚴佛土，以大悲心，救護眾生，教化成就，供養諸佛，事善知識；為求正法，弘宣護持，一切內外悉皆能捨，乃至身命亦無所吝。一切劫海說其因緣，劫海可盡，此無有盡。

「善男子！我法海中，無有一文，無有一句，非是捨施轉輪王位而求得者，非是捨施一切所有而求得者。善男子！我所求法，皆為救護一切眾生，一心思惟：『願諸眾生得聞是法，願以智光普照世間，願為開示出世間智，願令眾生悉得安樂，願普稱讚一切諸佛所有功德。』我如是等往昔因緣，於不可說不可說佛剎微塵數劫海，說不可盡。

「是故，善男子！我以如是助道法力、諸善根力、大志樂力、修功德力、如實思惟一切法力、智慧眼力、佛威神力、大慈悲力、淨神通力、善知識力故，得此究竟三世平等清淨法身，復得清淨無上色身，超諸世間，隨諸眾生心之所樂而為現形，入一切剎，遍一切處，於諸世界廣現神通，令其見者靡不欣樂。善男子！汝且觀我如是色身。我此色身，無邊劫海之所成就，無量千億那由他劫難見難聞。

「善男子！若有眾生未種善根，及種少善根聲聞、菩薩，猶尚不得聞我名字，況見我身！善男子！若有眾生得聞我名，於阿耨多羅三藐三菩提不復退轉；若見若觸，若迎若送，若暫隨逐，乃至夢中見聞我者，皆亦如是。或有眾生，一日一夜憶念於我即得成熟；或七日七夜、半月一月、半年一年、百年千年、一劫百劫，乃至不可說不可說佛剎微塵數劫，憶念於我而成熟者；或一生、或百生，乃至不可說不可說佛剎微塵數生，憶念於我而成熟者；或*見我放大光明，或見我震動佛剎，或生怖畏，或生歡喜，皆得成熟。善男子！我以如是等佛剎微塵數方便門，令諸衆生於阿耨多羅三藐三菩提得不退轉。

「善男子！若有衆生見聞於我清淨剎者，必得生此清淨剎中；若有衆生見聞於我清淨身者，必得生我清淨身中。善男子！汝應觀我此清淨身。」

爾時，善財童子觀普賢菩薩身，相好肢節，一一毛孔中，皆有不可說不可說佛剎海；一一剎海，皆有諸佛出興于世，大菩薩衆所共圍遶。又復見彼一切剎海，種種建立、種種形狀、種種莊嚴、種種大山周匝圍遶，種種色雲彌覆虛空，種種佛興演種種法，如是等事，各各不同。又見普賢於一一世界海中，出一切佛剎微塵數佛化身雲，周遍十方一切世界，教化衆生，令向阿耨多羅三藐三菩提。時，善財童子又見自身在普賢身內十方一切諸世界中教化衆生。

又，善財童子親近佛剎微塵數諸善知識所得善根、智慧光明，比見普賢菩薩所得善根，百分不及一，千分不及一，百千分不及一，百千億分乃至算數譬諭亦不能及。是善財童子從初發心，乃至得見普賢菩薩，於其中間所入一切諸佛剎海，今於普賢一毛孔中一念所入諸佛剎海，過前不可說不可說佛剎微塵數倍；如一毛孔，一切毛孔悉亦如是。

善財童子於普賢菩薩毛孔剎中，行一步，過不可說不可說佛剎微塵數世界；如是而行，盡未來劫，猶不能知一毛孔中剎海次第、剎海藏、剎海差別、剎海普入、剎海成、剎海壞、剎海莊嚴所有邊際，亦不能知佛海次第、佛海藏、佛海差別、佛海普入、佛海生、佛海滅所有邊際，亦不能知菩薩眾海次第、菩薩眾海藏、菩薩眾海差別、菩薩眾海普入、菩薩眾海集、菩薩眾海散所有邊際，亦不能知入眾生界、知眾生根、教化調伏諸眾生智、菩薩所住甚深自在、菩薩所入諸地諸道，如是等海所有邊際。

善財童子於普賢菩薩毛孔剎中，或於一剎經於一劫如是而行，乃至或有經不可說不可說佛剎微塵數劫如是而行，亦不於此剎沒、於彼剎現，念念周遍無邊剎海，教化眾生，令向阿耨多羅三藐三菩提。

當是之時，善財童子則次第得普賢菩薩諸行願海，與普賢等，與諸佛等，一身充滿一切世界剎等、行等、正覺等、神通等、法輪等、辯才等、言辭等、音聲等、力無畏等、佛所住等、大慈悲等、不可思議解脫自在悉皆同等。

爾時，普賢菩薩摩訶薩即說頌言：

汝等應除諸惑垢，一心不亂而諦聽；我說如來具諸度，一切解脫真實道。
出世調柔勝丈夫，其心清淨如虛空，恒放智日大光明，普使群生滅癡暗。
如來難可得見聞，無量億劫今乃值，如優曇華時一現，是故應聽佛功德。
隨順世間諸所作，譬如幻士現眾業，但為悅可眾生心，未曾分別起想念。

爾時，諸菩薩聞此說已，一心渴仰，唯願得聞如來世尊真實功德，咸作是念：「普賢菩薩具修諸行，體性清淨，所有言說皆悉不虛，一切如來共所稱歎。」作是念已，深生渴仰。

爾時，普賢菩薩功德智慧具足莊嚴，猶如蓮華不著三界一切塵垢，告諸菩薩言：「汝等諦聽，我今欲說佛功德海一滴之相。」

即說頌言：

佛智廣大同虛空，普遍一切眾生心，悉了世間諸妄想，不起種種異分別。
一念悉知三世法，亦了一切眾生根，譬如善巧大幻師，念念示現無邊事。
隨眾生心種種行，往昔諸業誓願力，令其所見各不同，而佛本來無動念。
或有處處見佛坐，充滿十方諸世界；或有其心不清淨，無量劫中不見佛。
或有信解離憍慢，發意即得見如來；或有諂誑不淨心，億劫尋求莫值遇。
或一切處聞佛音，其音美妙令心悅；或有百千萬億劫，心不淨故不聞者。
或見清淨大菩薩，充滿三千大千界，皆已具足普賢行，如來於中儼然坐。
或見此界妙無比，佛無量劫所嚴淨；毘盧遮那最勝尊，於中覺悟成菩提。
或見蓮華勝妙剎，賢首如來住在中，無量菩薩眾圍遶，皆悉勤修普賢行。
或有見佛無量壽，觀自在等所圍遶，悉已住於灌頂地，充滿十方諸世界。

或有見此三千界，種種莊嚴如妙喜，阿閦如來住在中，及如香象諸菩薩。
或見月覺大名稱，與金剛幢菩薩等，住如圓鏡妙莊嚴，普遍十方清淨剎
或見日藏世所尊，住善光明清淨土，及與灌頂諸菩薩，充遍十方而說法。
或見金剛大焰佛，而與智幢菩薩俱，周行一切廣大剎，說法除滅衆生翳。
一一毛端不可說，諸佛具相三十二，菩薩眷屬共圍遶，種種說法度衆生。
或有觀見一毛孔，具足莊嚴廣大剎，無量如來悉在中，清淨佛子皆充滿。
或有見一微塵內，具有恒沙佛國土，無量菩薩悉充滿，不可說劫修諸行。
或有見一毛端處，無量塵沙諸剎海，種種業起各差別，毘盧遮那轉法輪。
或見世界不清淨，或見清淨寶所成，如來住壽無量時，乃至涅槃諸所現。
普遍十方諸世界，種種示現不思議，隨諸衆生心智業，靡不化度令清淨。
如是無上大導師，充滿十方諸國土，示現種種神通力，我說少分汝當聽。
或見釋迦成佛道，已經不可思議劫；或見今始為菩薩，十方利益諸衆生。
或有見此釋師子，供養諸佛修行道；或見人中最勝尊，現種種力神通事。

或見布施或持戒，或忍或進或諸禪，般若方便願力智，隨衆生心皆示現。
或見究竟波羅蜜，或見安住於諸地，總持三昧神通智，如是悉現無不盡。
或現修行無量劫，住於菩薩堪忍位；或現住於不退地，或現法水灌其頂。
或現梵釋護世身，或現剎利婆羅門，種種色相所莊嚴，猶如幻師現衆像。
或現兜率始降神，或見宮中受嬪御，或見棄捨諸榮樂，出家離俗行學道。
或見始生或見滅，或見出家學異行，或見坐於菩提樹，降伏魔軍成正覺。
或有見佛始涅槃，或見起塔遍世間，或見塔中立佛像，以知時故如是現。
或見如來無量壽，與諸菩薩授尊記，而成無上大導師，次補住於安樂剎。
或見無量億千劫，作佛事已入涅槃；或見今始成菩提，或見正修諸妙行。
或見如來清淨月，在於梵世及魔宮，自在天宮化樂宮，示現種種諸神變。
或見在於兜率宮，無量諸天共圍遶，為彼說法令歡喜，悉共發心供養佛。
或見住在夜摩天，忉利護世龍神處，如是一切諸宮殿，莫不於中現其像。
於彼然燈世尊所，散華布髮為供養；從是了知深妙法，恆以此道化群生。

或有見佛久涅槃，或見初始成菩提；或*見住於無量劫，或見須臾即滅度。
身相光明與壽命，智慧菩提及涅槃，眾會所化威儀聲，如是一一皆無數。
或現其身極廣大，譬如須彌大寶山；或見跏趺不動搖，充滿無邊諸世界。
或見圓光一尋量，或見千萬億由旬，或見照於無量土，或見充滿一切剎。
或見佛壽八十年，或壽百千萬億歲，或住不可思議劫，如是展轉倍過此。
佛智通達淨無礙，一念普知三世法，皆從心識因緣起，生滅無常無自性。
於一剎中成正覺，一切剎處悉亦成；一切入一一亦爾，隨眾生心皆示現。
如來住於無上道，成就十力四無畏；具足智慧無所礙，轉於十二行法輪。
了知苦集及滅道，分別十二因緣法；法義樂說辭無礙，以是四辯廣開演。
諸法無我無有相，業性不起亦無失，一切遠離如虛空，佛以方便而分別。
如來如是轉法輪，普震十方諸國土，宮殿山河悉搖動，不使眾生有驚怖。
如來普演廣大音，隨其根欲皆令解，悉使發心除惑垢，而佛未始生心念。
或聞施戒忍精進，禪定般若方便智，或聞慈悲及喜捨，種種音辭各差別。

或聞四念四正勤，神足根力及覺道，諸念神通止觀等，無量方便諸法門。
龍神八部人非人，梵釋護世諸天眾，佛以一音為說法，隨其品類皆令解。
若有貪欲瞋恚癡，忿覆慳嫉及憍諂，八萬四千煩惱異，皆令聞說彼治法。
若未具修白淨法，令其聞說十戒行；已能布施調伏人，令聞寂滅涅槃音。
若人志劣無慈愍，厭惡生死自求離；令其聞說三脫門，使得出苦涅槃樂。
若有自性少諸欲，厭背三有求寂靜；令其聞說諸緣起，依獨覺乘而出離。
若有清淨廣大心，具足施戒諸功德，親近如來具慈愍，令其聞說大乘音。
或有國土聞一乘，或二或三或四五，如是乃至無有量，悉是如來方便力。
涅槃寂靜未曾異，智行勝劣有差別；譬如虛空體性一，鳥飛遠近各不同。
佛體音聲亦如是，普遍一切虛空界，隨諸眾生心智殊，所聞所見各差別。
佛以過去修諸行，能隨所樂演妙音，無心計念此與彼，我為誰說誰不說。
如來面門放大光，具足八萬四千數；所說法門亦如是，普照世界除煩惱。
具足清淨功德智，而常隨順三世*佛，譬如虛空無染著，為眾生故而出現。

示有生老病死苦，亦示住壽處於世；雖順世間如是現，體性清淨同虛空。
一切國土無有邊，衆生根欲亦無量；如來智眼皆明見，隨所應化示佛道。
究竟虛空十方界，所有人天大衆中，隨其形相各不同，佛現其身亦如是。
若在沙門大衆會，剃除鬚髮服袈裟，執持衣鉢護諸根，令其歡喜息煩惱。
若時親近婆羅門，即為示現羸瘦身，執杖持瓶恒潔淨，具足智慧巧談說。
吐故納新自充飽，吸風飲露無異食，若坐若立不動搖，現斯苦行摧異道。
或持彼戒為世師，善達醫方等諸論，書數天文地衆相，及身休咎無不了。
深入諸禪及解脫，三昧神通智慧行，言談諷詠共嬉戲，方便皆令住佛道。
或現上服以嚴身，首戴華冠蔭高蓋，四兵前後共圍遶，誓衆宣威伏小王。
或為聽訟斷獄官，善解世間諸法務，所有與奪皆明審，令其一切悉欣伏。
或作大臣事弼輔，善用諸王治政法，十方利益皆周遍，一切衆生莫了知。
或為粟散諸小王，或作飛行轉輪帝，令諸王子采女衆，悉皆授化無能測。
或作護世四天王，統領諸龍夜叉等，為其衆會而說法，一切皆令大欣慶。

或為忉利大天王，住善法堂歡喜園，首戴華冠說妙法，諸天覲仰莫能測。
或住夜摩兜率天，化樂自在魔王所，居處摩尼寶宮殿，說真實行令調伏。
或至梵天眾會中，說四無量諸禪道，普令歡喜便捨去，而莫知其往來相。
或至阿迦尼吒天，為說覺分諸寶華，及餘無量聖功德，然後捨去無知者。
如來無礙智所見，其中一切諸眾生，悉以無邊方便門，種種教化令成熟。
譬如幻師善幻術，現作種種諸幻事；佛化眾生亦如是，為其示現種種身。
譬如淨月在虛空，令世眾生見增減，一切河池現影像，所有星宿奪光色。
如來智月出世間，亦以方便示增減，菩薩心水現其影，聲聞星宿無光色。
譬如大海寶充滿，清淨無濁無有量；四洲所有諸眾生，一切於中現其像。
佛身功德海亦爾，無垢無濁無邊際；乃至法界諸眾生，靡不於中現其影。
譬如淨日放千光，不動本處照十方；佛日光明亦如是，無去無來除世暗。
譬如龍王降大雨，不從身出及心出，而能霑洽悉周遍，滌除炎熱使清涼。
如來法雨亦復然，不從於佛身心出，而能開悟一切眾，普使滅除三毒火。

如來清淨妙法身，一切三界無倫匹；以出世間言語道，其性非有非無故。
雖無所依無不住，雖無不至而不去；如空中畫夢所見，當於佛體如是觀。
三界有無一切法，不能與佛為譬諭；譬如山林鳥獸等，無有依空而住者。
大海摩尼無量色，佛身差別亦復然；如來非色非非色，隨應而現無所住。
虛空真如及實際，涅槃法性寂滅等，唯有如是真實法，可以顯示於如來。
剎塵心念可數知，大海中水可飲盡，虛空可量風可繫，無能盡說佛功德。
若有聞斯功德海，而生歡喜信解心，如所稱揚悉當獲，慎勿於此懷疑念。

大方廣佛華嚴經卷第八十

大方廣佛華嚴經

入不思議解脫境界普賢行願品

大方廣佛華嚴經卷第四十

罽賓國三藏般若奉　詔譯

入不思議解脫境界普賢行願品

爾時，普賢菩薩摩訶薩稱歎如來勝功德已，告諸菩薩及善財言：「善男子！如來功德，假使十方一切諸佛，經不可說不可說佛剎極微塵數劫，相續演說，不可窮盡。若欲成就此功德門，應修十種廣大行願。何等為十？一者、禮敬諸佛，二者、稱讚如來，三者、廣修供養，四者、懺悔業障，五者、隨喜功德，六者、請轉法輪，七者、請佛住世，八者、常隨佛學，九者、恒順眾生，十者、普皆迴向。」

善財白言：「大聖！云何禮敬，乃至迴向？」

普賢菩薩告善財言：「善男子！言禮敬諸佛者，所有盡法界虛空界，十方三世一切佛剎極微塵數諸佛世尊，我以普賢行願力故，起深信解，如對目前，悉以清淨身語意業，常修禮敬。一一佛所，皆現不可說不可說佛剎極微塵數身。一一身，遍禮不可說不可說佛剎極微塵數佛。虛空界盡，我禮乃盡，而虛空界不可盡故，我此禮敬無有窮盡。如是乃至眾生界盡，眾生業盡，眾生煩惱盡，我禮乃盡，而眾生界乃至煩惱無有盡故，我此禮敬無有窮盡。念念相續，無有間斷，身、語、意業無有疲厭。

「復次，善男子！言稱讚如來者，所有盡法界虛空界，十方三世一切剎土，所有極微一一塵中，皆有一切世界極微塵數佛。一一佛所，皆有菩薩海會圍遶。我當悉以甚深勝解現前知見，各以出過辯才天女微妙舌根，一一舌根，出無盡音聲海；一一音聲，出一切言辭海，稱揚讚歎一切如來諸功德海，窮未來際，相續不斷，盡於法界，無不周遍。如是虛空界盡，眾生界盡，眾生業盡，眾生煩惱盡，我讚乃盡，而虛空界乃至煩惱無有盡故，我此讚歎無有窮盡。念念相續，無有間斷，身、語、意業無有疲厭。

「復次，善男子！言廣修供養者，所有盡法界虛空界，十方三世一切佛剎極微塵中，一一各有一切世界極微塵數佛，一一佛所，種種菩薩海會圍遶。我以普賢行願力故，起深信解現前知見，悉以上妙諸供養具而為供養。所謂：華雲、鬘雲、天音樂雲、天傘蓋雲、天衣服雲，天種種香、塗香、燒香、末香如是等雲，一一量如須彌山王；然種種燈，酥燈、油燈、諸香油燈，一一燈炷如須彌山，一一燈油如大海水；以如是等諸供養具，常為供養。

「善男子！諸供養中，法供養最！所謂：如說修行供養，利益眾生供養，攝受眾生供養，代眾生苦供養，勤修善根供養，不捨菩薩業供養，不離菩提心供養。

「善男子！如前供養無量功德，比法供養一念功德，百分不及一，千分不及一，百千俱胝那由他分、迦羅分、算分、數分、諭分、優婆尼沙陀分，亦不及一。何以故？以諸如來尊重法故，以如說修行，出生諸佛故。若諸菩薩行法供養，則得成就供養如來，如是修行，是真供養故。此廣大最勝供養，虛空界盡，眾生界盡，眾生業盡，眾生煩惱盡，我供乃盡，而虛空界乃至煩惱不可盡故，我此供養亦無有盡。念念相續，無有間斷，身、語、意業無有疲厭。

「復次，善男子！言懺除業障者，菩薩自念，我於過去無始劫中，由貪瞋癡，發身口意，作諸惡業，無量無邊。若此惡業有體相者，盡虛空界不能容受。我今悉以清淨三業，遍於法界極微塵剎一切諸佛菩薩眾前，誠心懺悔，後不復造，恒住淨戒一切功德。如是虛空界盡，眾生界盡，眾生業盡，眾生煩惱盡，我懺乃盡，而虛空界乃至眾生煩惱不可盡故，我此懺悔無有窮盡。念念相續，無有間斷，身、語、意業無有疲厭。

「復次，善男子！言隨喜功德者，所有盡法界虛空界，十方三世一切佛剎，極微塵數諸佛如來，從初發心，為一切智，勤修福聚，不惜身命，經不可說不可說佛剎極微塵數劫，一一劫中，捨不可說不可說佛剎極微塵數頭目手足；如是一切難行苦行，圓滿種種波羅蜜門，證入種種菩薩智地，成就諸佛無上菩提，及般涅槃，分布舍利，所有善根，我皆隨喜。及彼十方一切世界六趣四生一切種類，所有功德，乃至一塵，我皆隨喜。十方三世一切聲聞及辟支佛，有學、無學所有功德，我皆隨喜。一切菩薩所修無量難行苦行，志求無上正等菩提，廣大功德，我皆隨喜。如是虛空界盡，眾生界盡，眾生業盡，眾生煩惱盡，我此隨喜無有窮盡。念念相續，無有間斷，身、語、意業無有疲厭。

「復次，善男子！言請轉法輪者，所有盡法界虛空界，十方三世一切佛剎極微塵中，一一各有不可說不可說佛剎極微塵數廣大佛剎。一一剎中，念念有不可說不可說佛剎極微塵數一切諸佛成等正覺，一切菩薩海會圍遶，而我悉以身、口、意業種種方便，慇懃勸請轉妙法輪。如是虛空界盡，眾生界盡，眾生業盡，眾生煩惱盡，我常勸請一切諸佛轉正法輪，無有窮盡。念念相續，無有間斷，身、語、意業無有疲厭。

「復次，善男子！言請佛住世者，所有盡法界虛空界，十方三世一切佛剎，極微塵數諸佛如來，將欲示現般涅槃者，及諸菩薩、聲聞、緣覺，有學、無學，乃至一切諸善知識，我悉勸請莫入涅槃。經於一切佛刹極微塵數劫，為欲利樂一切眾生。如是虛空界盡，眾生界盡，眾生業盡，眾生煩惱盡，我此勸請無有窮盡。念念相續，無有間斷，身、語、意業無有疲厭。

「復次，善男子！言常隨佛學者，如此娑婆世界毘盧遮那如來，從初發心，精進不退，以不可說不可說身命而為布施。剝皮為紙，折骨為筆，刺血為墨，書寫經典，積如須彌。為重法故，不惜身命，何況王位、城邑、聚落、宮殿園林、一切所有及餘種種難行苦行！乃至樹下成大菩提，示種種神通，起種種變化，現種種佛身，處種種眾會，或處一切諸大菩薩眾會道場，或處聲聞及辟支佛眾會道場，或處轉輪聖王、小王眷屬眾會道場，或處刹利及婆羅門、長者、居士眾會道場，乃至或處天龍八部、人非人等眾會道場。處於如是種種眾會，以圓滿音，如大雷震，隨其樂欲，成熟眾生，乃至示現入於涅槃，如是一切，我皆隨學。如今世尊毘盧遮那，如是盡法界虛空界，十方三世一切佛刹，所有塵中一切如來皆亦如是，於念念中，我皆隨學。如是虛空界盡，眾生界盡，眾生業盡，眾生煩惱盡，我此隨學無有窮盡。念念相續，無有間斷，身、語、意業無有疲厭。

「復次，善男子！言恒順眾生者，謂盡法界虛空界，十方剎海所有眾生，種種差別，所謂卵生、胎生、濕生、化生，或有依於地、水、火、風而生住者，或有依空及諸卉木而生住者，種種生類，種種色身，種種形狀，種種相貌，種種壽量，種種族類，種種名號，種種心性，種種知見，種種欲樂，種種意行，種種威儀，種種衣服，種種飲食，處於種種村營、聚落、城邑、宮殿，乃至一切天龍八部、人非人等，無足、二足、四足、多足，有色、無色，有想、無想，非有想、非無想，如是等類，我皆於彼隨順而轉，種種承事，種種供養，如敬父母，如奉師長及阿羅漢，乃至如來，等無有異。於諸病苦，為作良醫；於失道者，示其正路；於闇夜中，為作光明；於貧窮者，令得伏藏，菩薩如是平等饒益一切眾生。何以故？菩薩若能隨順眾生，則為隨順供養諸佛；若於眾生尊重承事，則為尊重承事如來；若令眾生生歡喜者，則令一切如來歡喜。何以故？諸佛如來以大悲心而為體故，因於眾生而起大悲，因於大悲生菩提心，因菩提心成等正覺。譬如曠野沙磧之中，有大樹王，若根得水，枝葉華果悉皆繁茂。生死曠野，菩提樹王，亦復如是；一切眾生而為樹根，諸佛、菩薩而為華果，以大悲水饒益眾生，則能成就諸佛、菩薩智慧華果。何以故？若諸菩薩以大悲水饒益眾生，則能成就阿耨多羅三藐三菩提故。是故菩提屬於眾生，若無眾生，一切菩薩終不能成無上正覺。

「善男子！汝於此義，應如是解，以於眾生心平等故，則能成就圓滿大悲；以大悲心隨眾生故，則能成就供養如來。菩薩如是隨順眾生，虛空界盡，眾生界盡，眾生業盡，眾生煩惱盡，我此隨順無有窮盡。念念相續，無有間斷，身、語、意業無有疲厭。

「復次，善男子！言普皆迴向者，從初禮拜乃至隨順，所有功德，皆悉迴向盡法界虛空界一切眾生。願令眾生常得安樂，無諸病苦；欲行惡法，皆悉不成；所修善業，皆速成就；關閉一切諸惡趣門，開示人天涅槃正路。若諸眾生，因其積集諸惡業故，所感一切極重苦果，我皆代受，令彼眾生悉得解脫，究竟成就無上菩提。菩薩如是所修迴向，虛空界盡，眾生界盡，眾生業盡，眾生煩惱盡，我此迴向無有窮盡。念念相續，無有間斷，身、語、意業無有疲厭。

「善男子！是為菩薩摩訶薩十種大願具足圓滿。若諸菩薩於此大願隨順趣入，則能成熟一切衆生，則能隨順阿耨多羅三藐三菩提，則能成滿普賢菩薩諸行願海。是故，善男子！汝於此義，應如是知。若有善男子、善女人，以滿十方無量無邊不可說不可說佛剎極微塵數一切世界上妙七寶、及諸人天最勝安樂，布施爾所一切世界所有衆生，供養爾所一切世界諸佛菩薩，經爾所佛剎極微塵數劫，相續不斷，所得功德；若復有人聞此願王，一經於耳，所有功德，比前功德，百分不及一，千分不及一，乃至優波尼沙陀分亦不及一。或復有人，以深信心，於此大願，受持、讀誦乃至書寫一四句偈，速能除滅五無間業，所有世間身心等病種種苦惱，乃至佛剎極微塵數一切惡業，皆得銷除。一切魔軍、夜叉、羅剎，若鳩槃荼、若毘舍闍、若部多等飲血噉肉諸惡鬼神，皆悉遠離，或時發心親近守護。

「是故，若人誦此願者，行於世間，無有障礙，如空中月出於雲翳。諸佛菩薩之所稱讚，一切人天皆應禮敬，一切衆生悉應供養。此善男子善得人身，圓滿普賢所有功德，不久當如普賢菩薩，速得成就微妙色身，具三十二大丈夫相。若生人天，所在之處，常居勝族，悉能破壞一切惡趣，悉能遠離一切惡友，悉能制伏一切外道，悉能解脫一切煩惱，如師子王摧伏群獸，堪受一切眾生供養。

「又復是人臨命終時，最後剎那，一切諸根，悉皆散壞；一切親屬，悉皆捨離；一切威勢，悉皆退失；輔相大臣、宮城內外、象馬車乘、珍寶伏藏，如是一切無復相隨，唯此願王不相捨離，於一切時，引導其前。一剎那中，即得往生極樂世界，到已，即見阿彌陀佛，文殊師利菩薩、普賢菩薩、觀自在菩薩、彌勒菩薩等，此諸菩薩，色相端嚴，功德具足，所共圍遶。其人自見生蓮華中，蒙佛授記。得授記已，經於無數百千萬億那由他劫，普於十方不可說不可說世界，以智慧力，隨眾生心而為利益。不久當坐菩提道場，降伏魔軍，成等正覺，轉妙法輪，能令佛剎極微塵數世界眾生發菩提心，隨其根性，教化成熟，乃至盡於未來劫海，廣能利益一切眾生。

「善男子！彼諸眾生，若聞若信此大願王，受持、讀誦、廣為人說，所有功德，除佛世尊，餘無知者。是故，汝等聞此願王，莫生疑念，應當諦受，受已能讀，讀已能誦，誦已能持，乃至書寫、廣為人說。是諸人等，於一念中，所有行願，皆得成就。所獲福聚，無量無邊。能於煩惱大苦海中，拔濟衆生，令其出離，皆得往生阿彌陀佛極樂世界。」

爾時，普賢菩薩摩訶薩欲重宣此義，普觀十方而說偈言：

所有十方世界中，三世一切人師子，我以清淨身語意，一切遍禮盡無餘。
普賢行願威神力，普現一切如來前，一身復現剎塵身，一一遍禮剎塵佛。
於一塵中塵數佛，各處菩薩衆會中，無盡法界塵亦然，深信諸佛皆充滿。
各以一切音聲海，普出無盡妙言辭，盡於未來一切劫，讚佛甚深功德海。
以諸最勝妙華鬘，妓樂塗香及傘蓋，如是最勝莊嚴具，我以供養諸如來。
最勝衣服最勝香，末香燒香與燈燭，一一皆如妙高聚，我悉供養諸如來。
我以廣大勝解心，深信一切三世佛，悉以普賢行願力，普遍供養諸如來。
我昔所造諸惡業，皆由無始貪恚癡，從身語意之所生，一切我今皆懺悔。

十方一切諸衆生，二乘有學及無學，一切如來與菩薩，所有功德皆隨喜。
十方所有世間燈，最初成就菩提者，我今一切皆勸請，轉於無上妙法輪。
諸佛若欲示涅槃，我悉至誠而勸請，唯願久住刹塵劫，利樂一切諸衆生。
所有禮讚供養福，請佛住世轉法輪，隨喜懺悔諸善根，迴向衆生及佛道。
我隨一切如來學，修習普賢圓滿行，供養過去諸如來，及與現在十方佛。
未來一切天人師，一切意樂皆圓滿，我願普隨三世學，速得成就大菩提。
所有十方一切刹，廣大清淨妙莊嚴，衆會圍遶諸如來，悉在菩提樹王下。
十方所有諸衆生，願離憂患常安樂，獲得甚深正法利，滅除煩惱盡無餘。
我為菩提修行時，一切趣中成宿命，常得出家修淨戒，無垢無破無穿漏。
天龍夜叉鳩槃茶，乃至人與非人等，所有一切衆生語，悉以諸音而說法。
勤修清淨波羅蜜，恒不忘失菩提心，滅除障垢無有餘，一切妙行皆成就。
於諸惑業及魔境，世間道中得解脫，猶如蓮華不著水，亦如日月不住空。
悉除一切惡道苦，等與一切群生樂，如是經於刹塵劫，十方利益恒無盡。

我常隨順諸衆生，盡於未來一切劫，恒修普賢廣大行，圓滿無上大菩提。
所有與我同行者，於一切處同集會，身口意業皆同等，一切行願同修學。
所有益我善知識，為我顯示普賢行，常願與我同集會，於我常生歡喜心。
願常面見諸如來，及諸佛子衆圍遶，於彼皆興廣大供，盡未來劫無疲厭。
願持諸佛微妙法，光顯一切菩提行，究竟清淨普賢道，盡未來劫常修習。
我於一切諸有中，所修福智恒無盡，定慧方便及解脫，獲諸無盡功德藏。
一塵中有塵數剎，一一剎有難思佛，一一佛處衆會中，我見恒演菩提行。
普盡十方諸剎海，一一毛端三世海，佛海及與國土海，我遍修行經劫海。
一切如來語清淨，一言具衆音聲海，隨諸衆生意樂音，一一流佛辯才海。
三世一切諸如來，於彼無盡語言海，恒轉理趣妙法輪，我深智力普能入。
我能深入於未來，盡一切劫為一念，三世所有一切劫，為一念際我皆入。
我於一念見三世，所有一切人師子，亦常入佛境界中，如幻解脫及威力。
於一毛端極微中，出現三世莊嚴剎，十方塵剎諸毛端，我皆深入而嚴淨。

所有未來照世燈，成道轉法悟群有，究竟佛事示涅槃，我皆往詣而親近。
速疾周遍神通力，普門遍入大乘力，智行普修功德力，威神普覆大慈力。
遍淨莊嚴勝福力，無著無依智慧力，定慧方便諸威力，普能積集菩提力。
清淨一切善業力，摧滅一切煩惱力，降伏一切諸魔力，圓滿普賢諸行力。
普能嚴淨諸剎海，解脫一切眾生海，善能分別諸法海，能甚深入智慧海。
普能清淨諸行海，圓滿一切諸願海，親近供養諸佛海，修行無倦經劫海。
三世一切諸如來，最勝菩提諸行願，我皆供養圓滿修，以普賢行悟菩提。
一切如來有長子，彼名號曰普賢尊，我今迴向諸善根，願諸智行悉同彼。
願身口意恒清淨，諸行剎土亦復然，如是智慧號普賢，願我與彼皆同等。
我為遍淨普賢行，文殊師利諸大願，滿彼事業盡無餘，未來際劫恒無倦。
我所修行無有量，獲得無量諸功德，安住無量諸行中，了達一切神通力。
文殊師利勇猛智，普賢慧行亦復然，我今迴向諸善根，隨彼一切常修學。
三世諸佛所稱歎，如是最勝諸大願，我今迴向諸善根，為得普賢殊勝行。

願我臨欲命終時，盡除一切諸障礙，面見彼佛阿彌陀，即得往生安樂剎。
我既往生彼國已，現前成就此大願，一切圓滿盡無餘，利樂一切眾生界。
彼佛眾會咸清淨，我時於勝蓮華生，親覩如來無量光，現前授我菩提記。
蒙彼如來授記已，化身無數百俱胝，智力廣大遍十方，普利一切眾生界。
乃至虛空世界盡，眾生及業煩惱盡，如是一切無盡時，我願究竟恒無盡。
十方所有無邊剎，莊嚴眾寶供如來，最勝安樂施天人，經一切剎微塵劫。
若人於此勝願王，一經於耳能生信，求勝菩提心渴仰，獲勝功德過於彼。
即常遠離惡知識，永離一切諸惡道，速見如來無量光，具此普賢最勝願。
此人善得勝壽命，此人善來人中生，此人不久當成就，如彼普賢菩薩行。
往昔由無智慧力，所造極惡五無間，誦此普賢大願王，一念速疾皆銷滅。
族姓種類及容色，相好智慧咸圓滿，諸魔外道不能摧，堪為三界所應供。
速詣菩提大樹王，坐已降伏諸魔眾，成等正覺轉法輪，普利一切諸含識。
若人於此普賢願，讀誦受持及演說，果報唯佛能證知，決定獲勝菩提道。

若人誦此普賢願，我說少分之善根，一念一切悉皆圓，成就眾生清淨願。
我此普賢殊勝行，無邊勝福皆迴向，普願沈溺諸眾生，速往無量光佛剎。

爾時，普賢菩薩摩訶薩於如來前，說此普賢廣大願王清淨偈已，善財童子踊躍無量，一切菩薩皆大歡喜。

如來讚言：「善哉！善哉！」

爾時，世尊與諸聖者菩薩摩訶薩演說如是不可思議解脫境界勝法門時，文殊師利菩薩而為上首，諸大菩薩及所成熟六千比丘；彌勒菩薩而為上首，賢劫一切諸大菩薩；無垢普賢菩薩而為上首，一生補處住灌頂位諸大菩薩，及餘十方種種世界普來集會一切剎海極微塵數諸菩薩摩訶薩眾；大智舍利弗、摩訶目犍連等而為上首，諸大聲聞，并諸人天一切世主，天、龍、夜叉、乾闥婆、阿脩羅、迦樓羅、緊那羅、摩睺羅伽、人非人等，一切大眾聞佛所說，皆大歡喜，信受奉行。

大方廣佛華嚴經卷第四十

普賢菩薩行願讚

普賢菩薩行願讚

開府儀同三司特進試鴻臚卿肅國公食邑三千戶賜紫贈司空謚大鑑正號大廣智大興善寺三藏沙門不空奉　詔譯

所有十方世界中，一切三世人師子，我今禮彼盡無餘，皆以清淨身口意。
身如剎土微塵數，一切如來我悉禮，皆以心意對諸佛，以此普賢行願力。
於一塵端如塵佛，諸佛佛子坐其中，如是法界盡無餘，我信諸佛悉充滿。
於彼無盡功德海，以諸音聲功德海，闡揚如來功德時，我常讚歎諸善逝。
以勝花鬘及塗香，及以伎樂勝傘蓋，一切嚴具皆殊勝，我悉供養諸如來。
以勝衣服及諸香，末香積聚如須彌，殊勝燈明及燒香，我悉供養諸如來。

所有無上廣大供，我悉勝解諸如來，以普賢行勝解力，我禮供養諸如來。
我曾所作衆罪業，皆由貪欲瞋恚癡，由身口意亦如是，我皆陳說於一切。
所有十方群生福，有學無學辟支佛，及諸佛子諸如來，我皆隨喜咸一切。
所有十方世間燈，以證菩提得無染，我*皆勸請諸世尊，轉於無上妙法輪。
所有欲現涅槃者，我皆於彼合掌請，唯願久住剎塵劫，為諸群生利安樂。
禮拜供養及陳罪，隨喜功德及勸請，我所積集諸功德，悉皆迴向於菩提。
於諸如來我修學，圓滿普賢行願時，願我供養過去佛，所有現住十方世。
所有未來速願成，意願圓滿證菩提，所有十方諸剎土，願皆廣大咸清淨。
諸佛咸詣覺樹王，諸佛子等皆充滿，所有十方諸衆生，願皆安樂無衆患。
一切群生獲法利，願得隨順如意心，我當菩提修行時，於諸趣中憶宿命。
若諸生中為生滅，我皆常當為出家，戒行無垢恒清淨，常行無缺無孔隙。
天語龍語夜叉語，鳩槃茶語及人語，所有一切群生語，皆以諸音而說法。
妙波羅蜜常加行，不於菩提心生迷，所有衆罪及障礙，悉皆滅盡無有餘。

於業煩惱及魔境，世間道中得解脫，猶如蓮華不著水，亦如日月不著空。
諸惡趣苦願寂靜，一切群生令安樂，於諸群生行利益，乃至十方諸剎土。
常行隨順諸衆生，菩提妙行令圓滿，普賢行願我修習，我於未來劫修行。
所有共我同行者，共彼常得咸聚會，於身口業及意業，同一行願而修習。
所有善友益我者，為我示現普賢行，共彼常得而聚會，於彼皆得無厭心。
常得面見諸如來，與諸佛子共圍繞，於彼皆興廣供養，皆於未來劫無倦。
常持諸佛微妙法，皆令光顯菩提行，咸皆清淨普賢行，皆於未來劫修行。
於諸有中流轉時，福德智慧得無盡，般若方便定解脫，獲得無盡功德藏。
如一塵端如塵剎，彼中佛剎不思議，佛及佛子坐其中，常見菩提勝妙行。
如是無量一切方，於一毛端三世量，佛海及與剎土海，我入修行諸劫海。
於一音聲功德海，一切如來清淨聲，一切群生意樂音，常皆得入佛辯才。
於彼無盡音聲中，一切三世諸如來，當轉理趣妙輪時，以我慧力普能入。
以一剎那諸未來，我入未來一切劫，三世所有無量劫，剎那能入俱胝劫。

所有三世人師子，以一剎那我咸見，於彼境界常得入，如幻解脫行威力。
所有三世妙嚴剎，能現出生一塵端，如是無盡諸方所，能入諸佛嚴剎土。
所有未來世間燈，彼皆覺悟轉法輪，示現涅槃究竟寂，我皆往詣於世尊。
以神足力普迅疾，以乘威力普遍門，以行威力等功德，以慈威力普遍行。
以福威力普端嚴，以智威力無著行，般若方便等持力，菩提威力皆積集。
皆於業力而清淨，我今摧滅煩惱力，悉能降伏魔羅力，圓滿普賢一切力。
普令清淨剎土海，普能解脫眾生海，悉能觀察諸法海，及以*德源於智海。
普令行海咸清淨，又令願海咸圓滿，諸佛海會咸供養，普賢行劫無疲倦。
所有三世諸如來，菩提行願眾差別，願我圓滿悉無餘，以普賢行悟菩提。
諸佛如來有長子，彼名號曰普賢尊，皆以彼慧同妙行，迴向一切諸善根。
身口意業願清淨，諸行清淨剎土淨，如彼智慧普賢名，願我於今盡同彼。
普賢行願普端嚴，我行曼殊室利行，於諸未來劫無倦，一切圓滿作無餘。
所*修勝行無能量，所有功德不可量，無量修行而住已，盡知一切彼神通。

乃至虛空得究竟，衆生無餘究竟然，及業煩惱乃至盡，乃至我願亦皆盡。
若有十方無邊刹，以寶莊嚴施諸佛，天妙人民勝安樂，如刹微塵劫捨施。
若人於此勝願王，一聞能生勝解心，於勝菩提求渴仰，獲得殊勝前福聚。
彼得遠離諸惡趣，彼皆遠離諸惡友，速疾得見無量壽，唯憶普賢勝行願。
得大利益勝壽命，善來為此人生命，如彼普賢大菩薩，彼人不久當獲得。
所作罪業五無間，由無智慧而所作，彼誦普賢行願時，速疾*消滅得無餘。
智慧容色及相好，族姓品類得成就，於魔外道得難摧，常於三界得供養。
速疾往詣菩提樹，到彼坐已利有情，覺悟菩提轉法輪，摧伏魔羅并營從。
若有持此普賢願，讀誦受持及演說，如來具知得果報，得勝菩提勿生疑。
如妙吉祥勇猛智，亦如普賢如是智，我當習學於彼時，一切善根悉迴向。
一切三世諸如來，以此迴向殊勝願，我皆一切諸善根，悉已迴向普賢行。
當於臨終捨壽時，一切業障皆得轉，親覩得見無量光，速往彼刹極樂界。
得到於彼此勝願，悉皆現前得具足，我當圓滿皆無餘，衆生利益於世間。

於彼佛會甚端嚴，生於殊勝蓮花中，於彼獲得受記莂，親對無量光如來。
於彼獲得受記已，變化俱胝無量種，廣作有情諸利樂，十方世界以慧力。
若人誦持普賢願，所有善根而積集，以一剎那得如願，以此群生獲勝願。
我獲得此普賢行，殊勝無量福德聚，所有群生溺惡習，皆往無量光佛宮。

八大菩薩讚 出八大菩薩曼荼羅經末

圓寂宮城門，能摧戶扇者，諸佛法受用，救世我頂禮。
自手流清水，能除餓鬼渴，三界如意樹，頂禮蓮花手。
大慈水為心，能息瞋恚火，頂禮慈氏尊，能斷欲弓弦。
虛空藏妙慧，虛空寂靜尊，生死流解脫，頂禮佛心子。
無邊有情惑，能息無益心，普賢我頂禮，善逝上首子。
塵勞盡僮僕，超勝魔羅軍，頂禮金剛手，能說一切明。
頂禮妙吉祥，持妙童子形，舒遍智慧燈，攘奪三界明。

一切除蓋障，是故我頂禮，無盡智慧尊，能生無竭辯。
如地諸有情，所依一不斷，堅慧悲愍藏，地藏我頂禮。
此真善逝子，讚揚所獲福，以此諸有情，如彼成讚器。

普賢菩薩行願讚

速疾滿普賢行願陀羅尼曰：

曩麼悉底哩也(四合)地尾(二合)迦(引)南(*一) 怛佗(引)孽哆南(二) 唵(三引) 阿(引)戍嚩囉尾擬儞娑嚩(二合引)訶(四引)

每日誦普賢菩薩行願讚後，即誦此真言。纔誦一遍，普賢行願悉皆圓滿，⊙修三摩地人速得三昧現前，福德智慧二種莊嚴，獲堅固法速疾成就。

文殊師利發願經

文殊師利發願經

東晉天竺三藏佛陀跋陀羅譯

身口意清淨，除滅諸垢穢，一心恭敬禮，十方三世佛。
普賢願力故，悉覩見諸佛，一一如來所，一切剎塵禮。
於一微塵中，見一切諸佛，菩薩衆圍遶，法界塵亦然。
以衆妙音聲，宣揚諸最勝，無量功德海，不可得窮盡。
以普賢行力，無上衆供具，供養於十方，三世一切佛。
以妙香華鬘，種種諸伎樂，一切妙莊嚴，普供養諸佛。
我以貪恚癡，造一切惡行，身口意不善，悔過悉除滅。
一切衆生福，諸聲聞緣覺，菩薩及諸佛，功德悉隨喜。

十方一切佛，初成等正覺，我*今悉勸請，轉無上法輪。
示現涅槃者，合掌恭敬請，住一切塵劫，安樂諸群生。
我所集功德，迴向施眾生，究竟菩薩行，逮無上菩提。
悉供養過去，現在十方佛，願未來世尊，速成菩提道。
普莊嚴十方，一切諸佛剎，如來坐道場，菩薩眾充滿。
令十方眾生，除滅諸煩惱，深解真實義，常得安樂住。
我修菩薩行，成就宿命智，除滅一切障，永盡無有餘。
悉遠離生死，諸魔煩惱業，猶日處虛空，蓮花不著水。
遍行遊十方，教化諸群生，除滅惡道苦，具足菩薩行。
雖隨順世間，不捨菩薩道，盡未來際劫，具修普賢行。
若有同行者，願常集一處，身口意善業，皆悉令同等。
若遇善知識，開示普賢行，於此菩薩所，親近常不離。
常見一切佛，菩薩眾圍繞，盡未來際劫，悉恭敬供養。

守護諸佛法，讚歎菩薩行，盡未來劫修，究竟普賢道。
雖在生死中，具無盡功德，智慧巧方便，諸三昧解脫。
一一微塵中，見不思議剎，於一一剎中，見不思議佛。
見如是十方，一切世界海，一一世界海，悉見諸佛海。
於一言音中，具一切妙音，一一妙音中，具足最勝音。
甚深智慧力，入無盡妙音，轉三世諸佛，清淨正法輪。
一切未來劫，悉能作一念，三世一切劫，悉為一念際。
一念中悉見，三世諸如來，亦普分別知，解脫及境界。
於一微塵中，出三世淨剎，一切十方塵，莊嚴剎亦然。
悉見未來佛，成道轉法輪，究竟佛事已，示現入涅槃。
神力遍遊行，大乘力普門，慈力覆一切，行力功德滿。
功德力清淨，智慧力無礙，三昧方便力，逮得菩提力。
清淨善業力，除滅煩惱力，壞散諸魔力，具普賢行力。

嚴淨佛剎海，度脫衆生海，分別諸業海，窮盡智慧海。
清淨諸行海，滿足諸願海，悉見諸佛海，我於劫海行。
三世諸佛行，及無量大願，我皆悉具足，普賢行成佛。
普賢菩薩名，諸佛第一子，我善根迴向，願悉與彼同。
身口意清淨，自在莊嚴剎，逮成等正覺，皆悉同普賢。
如文殊師利，普賢菩薩行，我所有善根，迴向亦如是。
三世諸如來，所歎迴向道，我迴向善根，成滿普賢行。
願我命終時，除滅諸障礙，面見阿彌陀，往生安樂國。
生彼佛國已，成滿諸大願，阿彌陀如來，現前授我記。
嚴淨普賢行，滿足文殊願，盡未來際劫，究竟菩薩行。

文殊師利發願經

大方廣普賢所說經

大方廣普賢所說經一卷

唐于闐三藏實叉難陀譯

如是我聞：一時，佛在如來神力所持之處，與十不可說不可說百千億那由他佛剎微塵等菩薩摩訶薩俱，前後圍繞而為說法，皆已成就普賢之行，普賢菩薩摩訶薩而為上首。時衆會中有十菩薩摩訶薩，各與十不可說不可說百千億那由他佛剎微塵等菩薩眷屬，從十方處忽然出現，皆坐無礙莊嚴師子之座。其名曰：普光藏菩薩、甚深藏菩薩、威德光明藏菩薩、雲音藏菩薩、金剛藏菩薩、普音不動威光藏菩薩、普名稱威光藏菩薩、山王不動威光藏菩薩、普現衆像威光藏菩薩、十力清淨威光藏菩薩。彼諸菩薩出現之時，於此會中，唯除普賢，其餘一切菩薩大衆，靡不傾動，所有威光亦盡不現。一一菩薩，皆雨十不可說不可說百千億那由他香雲、塗香雲、鬘雲、衣雲、寶蓋幢幡雲、清淨世界雲、眾寶樓閣雲、菩薩眾會道場雲、大光明網普照雲、菩提道場莊嚴雲、如來形像袈裟雲，各興如是不可思議諸供養雲，充滿法界，供養如來。斯諸菩薩所坐之座，眾寶莊嚴，微妙清淨，於彼一一莊嚴事中，普現一切無量世界、無量眾生、無量諸佛、無量菩薩，又現不可說不可說過去、未來無量世界，及彼諸佛現坐道場，為化眾生，轉妙法輪，諸菩薩眾供養如來，淨修一切波羅蜜行常無斷絕。

爾時，眾會咸作是念：「此諸菩薩從何世界諸佛所來？」即共請問普賢菩薩。時，普賢菩薩普告一切菩薩眾言：「諸佛子！汝等各自推其來處。」

時，無礙眼菩薩，則入普迅疾三昧，遍至三昧、明照法界三昧、具一切神通三昧、了一切境界三昧、現一切眾生身神通三昧、知一切佛剎三昧，入如是等十阿僧祇百千億那由他菩薩三昧，以三昧力自見其身，悉詣十方一切世界，乃至一切微塵處中，而不能見彼諸菩薩所從來土，及於如來修梵行處。其餘一切菩薩大眾，各各別入菩薩三昧，皆不能見，亦復如是。咸從定起，白普賢菩薩言：「我等各入十阿僧祇百千億那由他菩薩三昧，了不能見彼諸菩薩所從來處。」

普賢菩薩復告之言：「彼所從來諸佛國土，甚深廣大極難可見，汝等今可更共推求。」時諸菩薩，一一復入十佛剎微塵等菩薩三昧，求亦不見，各以其事重白普賢。

爾時，普賢菩薩從座而起，上昇虛空，右繞世尊無數匝已，即於空中普觀衆會，作如是言：「諸佛子！汝觀佛身，無礙莊嚴，三世平等，法界諸剎無不普入，十方所有一切世界，一切如來、一切菩薩、一切衆生、一切諸趣，靡不影現如來身中，隨諸衆生心之所樂，悉令開悟。汝等應住普境界眼，盡虛空界清淨慧眼，了一切境廣大智眼。又應普請十方一切諸佛護念，皆應一心離一切處、一切依止、一切執著、一切諸有，觀如來身。應入十*方微細境界，於一境界，了達一切無盡境界，觀如來身。」

時，諸菩薩敬順其教，咸向如來頭面作禮，一心瞻仰。忽見世尊毘盧遮那雙足輪中，有世界名法界輪，其土有佛，名法界莊嚴王，住世說法。彼普光藏菩薩摩訶薩，與十不可說不可說百千億那由他佛剎微塵等菩薩摩訶薩俱，從彼佛剎來此會坐。

於雙蹲中，有世界名無礙藏，其土有佛，名無礙淨光，住世說法。彼甚深藏菩薩摩訶薩，與十不可說不可說百千億那由他佛剎微塵等菩薩摩訶薩俱，從彼佛剎來此會坐。

於雙膝中，有世界名真金藏，其土有佛，名金藏王，住世說法。彼威德光明藏菩薩摩訶薩，與十不可說不可說百千億那由他佛剎微塵等菩薩摩訶薩俱，從彼佛剎來此會坐。

於雙股中，有世界名一切寶莊嚴藏，其土有佛，名衆妙光，住世說法。彼雲音藏菩薩摩訶薩，與十不可說不可說百千億那由他佛剎微塵等菩薩摩訶薩俱，從彼佛剎來此會坐。

於其臍中，有世界名毘盧遮那藏，其土有佛，名毘盧遮那威德莊嚴王，住世說法。彼金剛藏菩薩摩訶薩，與十不可說不可說百千億那由他佛剎微塵等菩薩摩訶薩俱，從彼佛剎來此會坐。

於其心中，有世界名勝光藏，其土有佛，名妙相莊嚴藏，住世說法。彼普音不動威光藏菩薩摩訶薩，與十不可說不可說百千億那由他佛剎微塵等菩薩摩訶薩俱，從彼佛剎來此會坐。

於兩肩中，有世界名金色，其土有佛，名金色王，住世說法。彼普名稱威光藏菩薩摩訶薩，與十不可說不可說百千億那由他佛剎微塵等菩薩摩訶薩俱，從彼佛剎來此會坐。

於其口中，有世界名妙寶莊嚴，其土有佛，名無量光嚴王，住世說法。彼山王不動威光藏菩薩摩訶薩，與十不可說不可說百千億那由他佛剎微塵等菩薩摩訶薩俱，從彼佛剎來此會坐。

於其眉間，有世界名法界無盡藏，其土有佛，名三世無盡智，住世說法。彼普現衆像威光藏菩薩摩訶薩，與十不可說不可說百千億那由他佛剎微塵等菩薩摩訶薩俱，從彼佛剎來此會坐。

於其頭中，有世界名覆持不散，其土有佛，名寶花積，住世說法。彼十力清淨威光藏菩薩摩訶薩，與十不可說不可說百千億那由他佛剎微塵等菩薩摩訶薩俱，從彼佛剎來此會坐。

時，諸菩薩既見如是無盡世界如來道場菩薩眾會佛神變已，一一皆得法界藏三昧，等十佛剎微塵數諸大三昧一切法地陀羅尼，等十佛剎微塵數諸陀羅尼離垢藏般若波羅蜜，等十佛剎微塵數諸波羅蜜力電光，等十佛剎微塵數一切智電光。

時，普賢菩薩復告大眾：「諸佛子！此法唯是行普賢行，為善知識所攝受者，乃得聞見。是故汝等於此法門，作金剛心，增上意樂，*護持讀誦，勿令忘失。」

說此法時，彼諸菩薩摩訶薩等，歡喜信受。

大方廣普賢所說經

三曼陀跋陀羅菩薩經

三曼陀跋陀羅菩薩經

西晉居士聶道真譯

五蓋品第一

聞如是：一時，佛在摩竭提國清淨法處自然金剛座，光影甚明，無所不遍照，與衆摩訶薩等無央數菩薩共會坐，三曼陀跋陀羅菩薩、文殊師利菩薩最第一。

文殊師利菩薩問三曼陀跋陀羅菩薩言：「若有人求菩薩道者，善男子、善女人欲得無蓋清淨者，當施行何等法，自致得之乎？」

三曼陀跋陀羅報文殊師利菩薩：「若有善男子、善女人欲求菩薩道者，當整衣服，晝夜各三稽首十方諸佛，作禮悔過，悔諸所作惡，諸所當忍者忍之，諸所當禮者禮之，諸所當願樂者願樂之，諸所當勸請者勸請之。如是一切諸罪蓋、諸垢蓋、諸法蓋悉除也，一切功德悉得具足，般若波羅蜜兜沙陀比羅經、一切三昧、一切諸陀隣尼、一切漚惒拘舍羅，是為諸經中尊，將如是者，為已得禮一切諸佛，其意至心也。」

悔過品第二

三曼陀跋陀羅菩薩言：「一切人身所行、口所犯、心所念惡，一切諸佛剎其中塵等起意念一切諸惡，某皆為其悔過。某從本所作為有惡，於諸佛、諸菩薩、諸迦羅蜜、父母、阿羅漢、辟支佛、怛沙竭護、怛沙竭寺神、怛沙竭法中諸所犯過惡，須呵摩提阿彌陀佛剎土、一切諸佛、一切諸佛剎、一切諸佛法，若有狐疑起意不信者，某為其悔一切罪過。

「其有於一切諸佛、諸菩薩、諸迦羅蜜、諸父母、諸阿羅漢、諸辟支佛、一切諸人所可誹謗者，若恣隨欲、恣隨癡、恣隨自用，若有頑佷不與人語，若為貪婬所牽、為慳嫉所牽、為貪餮所牽、為諛諂所牽、七百五十諸欲所牽，其心亂時不能自專，為一切所蓋，為一切所畏，所起意有過失，今某皆為悔一切罪過。

「某從阿僧祇劫起惡意於佛，若鬪亂比丘僧，若害阿羅漢，若害父母，若見正法言非法，若見非法言是法，若訕咲一切人所思念，常與非法之事，若他①犯過、若欲犯、若已犯，其多沙竭所教誡若犯之，今世、若前世不知佛法比丘僧時諸所犯過惡，今某皆為悔一切罪過。

「某諸所作邪嫉之意，若有佛，斷止人不得令見；若有明經說法者，斷止人不得令聞；若有迦羅蜜，斷止人不得令住會；若有人施與鉢震越飯食、床臥具、病瘦醫藥所作功德，呵止人不得令與。作無央數不*正，展轉相教起罪，今某皆為悔一切罪過。

「某諸所作罪，見人犯者於邊勸助，用是故，為罪所牽生於末世，若生於貧家，若離迦羅蜜，若有佛不能得見，若有菩薩、迦羅蜜，不能得與共會而不能得聞經法；以諸所作惡故，不能及值是聖賢身，今某皆為悔一切罪過。

「某諸所作罪，不能及逮聞法，或聞法其心不能受法，若已受而復忘失，不能堅持法，不能諦持法，而怯劣無*膽，其形色不能致得端政，所生常少財寶；不能得陀隣尼行，不能得三昧行，不能得般若波羅蜜行，不能得無念慧行；不能得漚惒拘舍羅所入慧，不能得兜沙陀比羅無所罣礙所入慧；其一切諸所作罪，不能及逮是也，今某皆為悔一切罪過。

「某諸所作罪，不能得一切法行所入慧功德，不能得一切人意所行慧功德，不能得一切人因五根所入慧功德，不能得一切人慧律所入功德，不能得一切法慧所入功德，不能得一切人泥洹慧功德；其一切諸所作罪，不能及逮是也，今某皆為悔一切罪過。

「某諸所作罪，不能得洞視徹聽，不能得神足飛行，不能得自知宿命，不能得知去、來之事，不能得梵天音聲，不能得身、口、意功德，不能得清淨高行，而不能得具足於功德；其一切諸所作罪，不能及逮是也，今某皆為悔一切罪過。

「若他人起惡意向某若有衆兵，若某起*惡心向他人若有衆兵，若致一切諸蓋所畏，某合會於諸佛前諸眼諦慧遍諦所言則受諦，某於是諦前自歸悔，復自發舉，自發竟，自悔責，不敢覆藏，從今已後不敢復犯。」

願樂品第三

三曼陀跋陀羅菩薩言：「善男子、善女人求菩薩道者，當作是願樂：今某自歸曉一切於諸佛，曉菩薩、迦羅蜜及父母，諸阿羅漢、辟支佛及一切人，至心求哀，不可曉者今皆曉之，如諸佛所知，如是者所可自歸，為已自歸也。

「復次，今某禮一切諸佛，一切諸菩薩、諸迦羅蜜、父母及阿羅漢、辟支佛皆為作禮，最中最上、無上、明中明、無有雙亦無比，如諸佛所知，如是者所當作禮，為已作禮也。

「復次，今某願禮諸佛功德，一切諸菩薩、諸迦羅蜜功德、諸阿羅漢、諸辟支佛功德及十方一切人所作功德，如諸佛所知，如是者所當禮諸功德為悉禮也。

「是則菩薩慧，若善男子、善女人有是功德者，願樂助其歡喜；若有逮佛慧者所當願樂，某已願樂也；其未作功德者今作功德，某皆願樂；其有尊復尊所作功德，某亦願樂。持某所作願樂功德，令十方一切皆悉得也。」

請勸品第四

三曼陀跋陀羅菩薩言：「善男子、善女人求菩薩道者，當作是請勸：某至心請勸一切諸佛，今現在佛阿耨多羅三耶三菩及至阿惟三佛，其已成悉等知未轉法輪者，某請勸諸佛轉於法輪。今諸佛所轉法輪者，以用請勸故，所說經法，令一切人各得其所，悉令安隱；及諸天、龍、鬼神、乾陀羅、阿須倫、迦留羅、甄陀羅、摩休勒、人非人，其在泥黎、薜荔、禽獸、諸勤苦中者皆令得解脫；其無所曉者皆令捨癡意，悉得正意入於佛道。

「復次，其諸佛所欲般泥洹者，某請勸且莫般泥洹，用一切人故，且自住無央數劫，以法身住為無所住。所說經法令一切人各得其所，皆令勇猛，具足三曼陀跋陀羅菩薩法行，令一切人悉以是為本，各得安隱；及諸天、龍、鬼神、乾陀羅、阿須倫、迦留羅、甄陀羅、摩休勒、人非人，泥黎、薜荔、禽獸、諸勤苦者早得解脫；其無所曉者令捨癡意，悉得正意入於佛道；其作邪者皆捨邪道，入於正道，悉住於本無法。」

三曼陀跋陀羅菩薩言：「善男子、善女人求菩薩道者，當作施與：某所可悔功德，所可忍、所可禮、所可願樂、所可請勸諸功德，若欲作、若方作、若已作，諸所作功德，皆一切合會成就為一福味，如諸佛法、如佛所知，是功德便*有所生致諸佛相，能得自恣法。諸所施與，已受施與而有施與，是施與為正施與，無所著斷。某持是法施與功德，令一切人皆逮得與法，皆令起意，如薩芸若施與等者。今某施與令如三曼陀跋陀羅菩薩所行，持是功德令一切與某莫墮泥黎中、薜荔、禽獸、勤苦、八惡道中生，皆令生有佛處、有菩薩處，皆令生須呵摩提阿彌陀佛剎。某持是功德，因某好心具足，遍發阿耨多羅三耶三菩心。

「某持是法施與之功德，為一切人作舍作護，受其自歸為作度，於冥中作明，明中最明，於持中作持，持中尊持。一切人，未度者我當度之，未脫者我當脫，未般泥洹者我當令般泥洹；造作一切人，皆令發阿耨多羅三耶三菩心。

「某持是法施與之功德，令一切人與某身等，諸所生處所可起意，常供養諸佛，供養諸菩薩。持前所作供養諸佛、菩薩，令一切人與某身不離菩薩法，不離迦羅蜜、文殊師利及惟摩竭與三曼陀跋陀羅菩薩等，是諸菩薩所行皆具足陀隣尼清淨三昧，一心不動搖，皆以成就般若波羅蜜所行，悉以曉了漚惒拘舍羅，所入一切於諸法。無有差特，令一切人與某逮得是諸菩薩慧行而具足。

「某持是法施與功德，在其泥黎、薜荔、禽獸、拘繫縛束中人，皆令得解脫。其無眼者得眼，聾者得聽，其在勤苦中者皆得安隱。若在是佛剎及彼方佛剎，下至阿鼻泥黎，上至無極，其中間蠕動之類，有足、無足者，若未來，若軟生、若化生，若色、無色、若思想、無思想，及一切人非人轉相猗著者，以時能持佛眼見知悉覺，令一切皆得人形，入於佛道，聞法悉曉了受，皆得阿耨多羅三耶三菩提心。

「某持是法施與功德，令一切人與某持是功德，悉逮諸佛等行、諸菩薩等行、諸迦羅蜜行。令一切人皆至供養，起願得諸佛剎，能令清淨，於三世法曉了能悉。等，譬如金剛無所不穿。令一切人與某皆令得佛智慧，而具足諸所感動能悉等，於諸深慧皆逮得，於諸法而無疑。持是功德，令某具足願，如三曼陀跋陀羅菩薩法行，十種力、地皆悉逮；以是為證，持是功德，願令一切人及某皆令得福。」

譬福品第五

文殊師利菩薩問三曼陀跋陀羅菩薩言：「若有善男子、善女人欲求菩薩道者，晝夜各三悔過，勸樂法行如上說，其福者云何？」

三曼陀跋陀羅菩薩報文殊師利菩薩言：「若有善男子、善女人奉行菩薩道者，持七寶滿閻浮提地內，供養怛沙竭阿羅呵三耶三佛不，如是善男子、善女人晝夜各三勸樂法行，所當悔者悔之，所當忍者忍之，所當禮者禮之，所當願樂者願樂之，所當請勸者請勸之，所當施與者施與之；晝夜奉行如上教，其福出於供養恒沙竭滿閻浮提七寶百倍、千倍、萬倍、億倍、巨億萬倍，終不可比、不可計，亦不可譬。」

說是法時，無央數諸天於虛空中住，持天花香及伎樂供養，散佛及諸菩薩上。文殊師利菩薩、三曼陀跋陀羅菩薩說是經已，諸天、龍、鬼神、阿須倫、人非人聞經大歡喜，前為佛作禮而去。

三曼陀跋陀羅菩薩經

妙法蓮華經

普賢菩薩勸發品

妙法蓮華經卷第七

後秦龜茲國三藏法師鳩摩羅什奉　詔譯

普賢菩薩勸發品第二十八

爾時，普賢菩薩以自在神通力，威德名聞，與大菩薩無量無邊不可稱數，從東方來，所經諸國普皆震動，雨寶蓮華，作無量百千萬億種種伎樂。又與無數諸天、龍、夜叉、乾闥婆、阿修羅、迦樓羅、緊那羅、摩睺羅伽、人非人等，大眾圍繞，各現威德神通之力，到娑婆世界耆闍崛山中，頭面禮釋迦牟尼佛，右繞七匝，白佛言：「世尊！我於寶威德上王佛國，遙聞此娑婆世界說法華經，與無量無邊百千萬億諸菩薩眾共來聽受，唯願世尊當為說之：若善男子、善女人於如來滅後，云何能得是法華經？」

佛告普賢菩薩：「若善男子、善女人成就四法，於如來滅後，當得是法華經：一者、為諸佛護念，二者、殖衆德本，三者、入正定聚，四者、發救一切衆生之心。善男子、善女人如是成就四法，於如來滅後，必得是經。」

爾時，普賢菩薩白佛言：「世尊！於後五百歲濁惡世中，其有受持是經典者，我當守護，除其衰患，令得安隱，使無伺求得其便者。若魔、若魔子、若魔女、若魔民、若為魔所著者，若夜叉、若羅刹、若鳩槃*荼、若毘舍闍、若吉遮、若富單那、若韋陀羅等諸惱人者，皆不得便。是人若行若立，讀誦此經，我爾時乘六牙白象王與大菩薩衆俱詣其所而自現身，供養守護，安慰其心，亦為供養法華經故。是人若坐思惟此經，爾時我復乘白象王現其人前，其人若於法華經有所忘失一句一偈，我當教之，與共讀誦還令通利。爾時，受持讀誦法華經者，得見我身，甚大歡喜，轉復精進。以見我故，即得三昧及陀羅尼，名為旋陀羅尼、百千萬億旋陀羅尼、法音方便陀羅尼，得如是等陀羅尼。

「世尊！若後世後五百歲濁惡世中，比丘、比丘尼、優婆塞、優婆夷，求索者、受持者、讀誦者、書寫者，欲修習是法華經，於三七日中應一心精進，滿三七日已，我當乘六牙白象，與無量菩薩而自圍繞，以一切眾生所憙見身，現其人前，而為說法，示教利喜。亦復與其陀羅尼呪，得是陀羅尼故，無有非人能破壞者，亦不為女人之所惑亂，我身亦自常護是人。唯願世尊聽我說此陀羅尼呪。」

即於佛前而說呪曰：

阿檀地(途賣反)一　檀陀婆地二　檀陀婆帝三　檀陀鳩舍隸四　檀陀修陀隸五　修陀隸六　修陀羅婆底七　佛馱波羶禰八　薩婆陀羅尼阿婆多尼九　薩婆婆沙阿婆多尼十　修阿婆多尼十一　僧伽婆履叉尼十二　僧伽涅伽陀尼十三　阿僧祇十四　僧伽波伽地十五　帝隸阿惰僧伽兜略(盧遮反)阿羅帝婆羅帝十六　薩婆僧伽三摩地伽蘭地十七　薩婆達磨修波利刹帝十八　薩婆薩埵樓馱憍舍略阿㝹伽地十九　辛阿毘吉利地帝二十

「世尊！若有菩薩得聞是陀羅尼者，當知普賢神通之力，若法華經行閻浮提有受持者，應作此念：皆是普賢威神之力。若有受持、讀誦、正憶念、解其義趣、如說修行，當知是人行普賢行，於無量無邊諸佛所深種善根，為諸如來手摩其頭。若但書寫，是人命終當生忉利天上。是時，八萬四千天女作衆伎樂而來迎之，其人即著七寶冠，於婇女中娛樂快樂。何況受持、讀誦、正憶念、解其義趣、如說修行！若有人受持、讀誦、解其義趣，是人命終，為千佛授手，令不恐怖，不墮惡趣，即往兜率天上彌勒菩薩所。彌勒菩薩有三十二相，大菩薩衆所共圍繞，有百千萬億天女眷屬而於中生，有如是等功德利益，是故智者應當一心自書，若使人書、受持、讀誦、正憶念、如說修行。

「世尊！我今以神通力故，守護是經，於如來滅後，閻浮提內廣令流布，使不斷絕。」

爾時，釋迦牟尼佛讚言：「善哉！善哉！普賢！汝能護助是經，令多所衆生安樂利益，汝已成就不可思議功德，深大慈悲，從久遠來發阿耨多羅三藐三菩提意，而能作是神通之願，守護是經，我當以神通力守護能受持普賢菩薩名者。

「普賢！若有受持、讀誦、正憶念、修習、書寫是法華經者，當知是人則見釋迦牟尼佛。如從佛口聞此經典，當知是人供養釋迦牟尼佛，當知是人佛讚善哉，當知是人為釋迦牟尼佛手摩其頭，當知是人為釋迦牟尼佛衣之所覆。如是之人不復貪著世樂，不好外道經書手筆，亦復不喜親近其人及諸惡者：若屠兒，若畜豬、羊、雞、狗，若獵師，若衒賣女色。是人心意質直，有正憶念，有福德力。是人不為三毒所惱，亦復不為嫉妬、我慢、邪慢、增上慢所惱，是人少欲知足，能修普賢之行。

「普賢！若如來滅後，後五百歲，若有人見受持讀誦法華經者，應作是念：『此人不久當詣道場，破諸魔眾，得阿耨多羅三藐三菩提，轉法輪、擊法鼓、吹法螺、雨法雨，當坐天人大眾中師子法座上。』

「普賢！若於後世，受持讀誦是經典者，是人不復貪著衣服、臥具、飲食、資生之物，所願不虛，亦於現世得其福報。若有人輕毀之言：『汝狂人耳，空作是行，終無所獲。』如是罪報，當世世無眼。若有供養讚歎之者，當於今世得現果報；若復見受持是經者，出其過惡，若實、若不實，此人現世得白癩病。若有輕笑之者，當世世牙齒踈缺，醜脣平鼻、手脚繚戾、眼目角睞、身體臭穢、惡瘡膿血、水腹短氣，諸惡重病。是故，普賢！若見受持是經典者，當起遠迎，當如敬佛。」

說是普賢勸發品時，恒河沙等無量無邊菩薩得百千萬億旋陀羅尼，三千大千世界微塵等諸菩薩具普賢道。佛說是經時，普賢等諸菩薩、舍利弗等諸聲聞及諸天、龍、人非人等，一切大會皆大歡喜，受持佛語，作禮而去。

妙法蓮華經卷第七

佛說觀普賢菩薩行法經

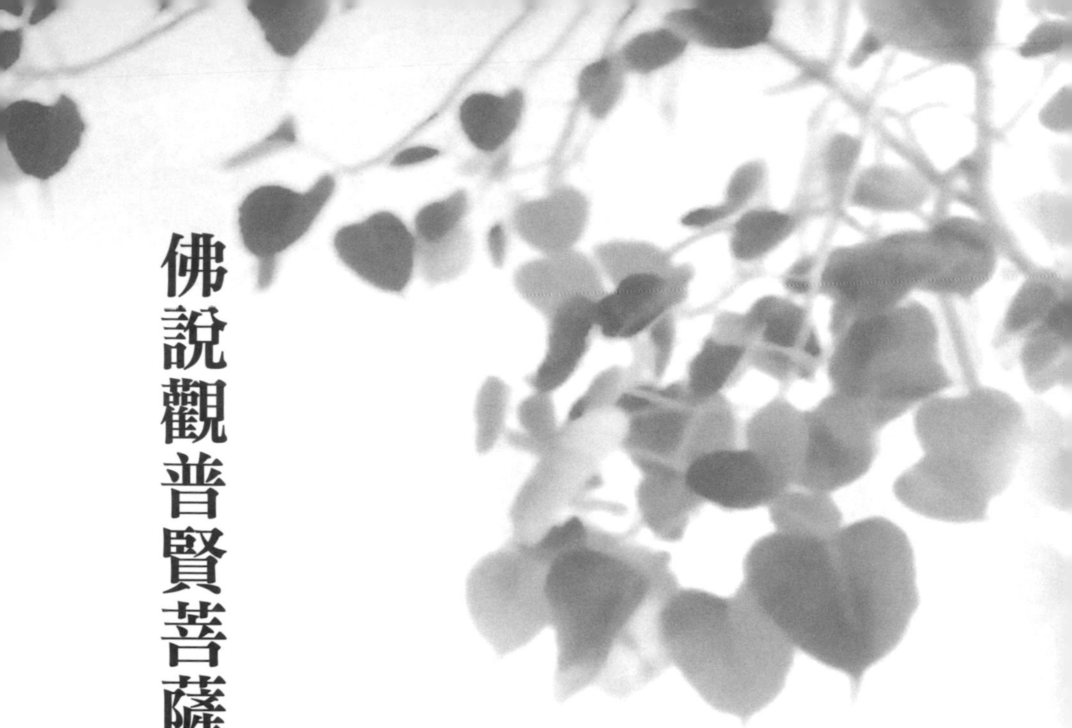

佛說觀普賢菩薩行法經

宋元嘉年曇無蜜多於楊州譯

如是我聞：一時，佛在毘舍離國大林精舍重閣講堂，告諸比丘：「卻後三月，我當般涅槃。」

尊者阿難即從座起，整衣服，叉手合掌，遶佛三匝為佛作禮，胡跪合掌，諦觀如來，目不暫捨。長老摩訶迦葉、彌勒菩薩摩訶薩亦從座起，合掌作禮，瞻仰尊顏。時，三大士異口同音而白佛言：「世尊！如來滅後，云何眾生起菩薩心，修行大乘方等經典，正念思惟一實境界？云何不失無上菩提之心？云何復當不斷煩惱、不離五欲，得淨諸根，滅除諸罪，父母所生清淨常眼，不斷五欲而能得見諸障外事？」

佛告阿難：「諦聽！諦聽！善思念之。如來昔在耆闍崛山及餘住處，已廣分別一實之道；今於此處為未來世諸眾生等，欲行大乘無上法者，欲學普賢行普賢行者，我今當說其憶念法。若見普賢及不見者，除卻罪數，今為汝等當廣分別。

「阿難！普賢菩薩乃生東方淨妙國土，其國土相，法華經中已廣分別，我今於此略而解說。阿難！若比丘、比丘尼、優婆塞、優婆夷、天龍八部一切眾生，誦大乘經者，修大乘者，發大乘意者，樂見普賢菩薩色身者，樂見多寶佛塔者，樂見釋迦牟尼佛及分身諸佛者，樂得六根清淨者，當學是觀。此觀功德除諸障礙，見上妙色，不入三昧，但誦持故，專心修習，心心相次，不離大乘，一日至三七日，得見普賢。有重障者，七七日盡，然後得見；復有重者，一生得見；復有重者，二生得見；復有重者，三生得見；如是種種，業報不同，是故異說。

「普賢菩薩身量無邊，音聲無邊，色像無邊，欲來此國，入自在神通，促身令小，閻浮提人三障重故，以智慧力化乘白象。其象六牙，七支跓地，其七支下生七蓮華。象色鮮白，白中上者，頗梨雪山不得為比。◎象身長四百五十由旬，高四百由旬。於六牙端有六浴池，一一浴池中生十四蓮華，與池正等。其華開敷如天樹王，一一華上有一玉女，顏色紅輝有過天女，手中自然化五箜篌，一一箜篌有五百樂器以為眷屬，有五百飛鳥、鳧、鴈、鴛鴦皆眾寶色，生花葉間。象鼻有華，其莖譬如赤真珠色，其華金色，含而未敷。

「見是事已，復更懺悔，至心諦觀，思惟大乘，心不休廢。見華即敷金色、金光，其蓮華臺是甄叔迦寶，妙梵摩尼以為華鬘，金剛寶珠以為華鬚。見有化佛坐蓮華臺，眾多菩薩坐蓮華鬚，化佛眉間亦出金光，入象鼻中，從象鼻出；入象眼中，從象眼出；入象耳中，從象耳出；照象頂上，化作金臺。其象頭上有三化人，一捉金輪，一持摩尼珠，一執金剛杵。舉杵擬象，象即能行，腳不履地，躡虛而遊，離地七尺，地有印文，於印文中，千輻轂輞皆悉具足，一一輞間生一大蓮華，此蓮華上生一化象，亦有七支，隨大象行，舉足下足，生七千象以為眷屬。

「隨從大象，象鼻紅蓮華色，上有化佛放眉間光，其光金色如前，入象鼻中；於象鼻中出，入象眼中；從象眼出，還入象耳；從象耳出，至象頸上，漸漸上至象背，化成金鞍，七寶校具，於鞍四面有七寶柱，衆寶校飾以成寶臺。臺中有一七寶蓮華，其蓮華鬚百寶共成，其蓮華臺是大摩尼，有一菩薩結加趺坐，名曰：普賢，身白玉色五十種光，光五十種色以為項光，身諸毛孔流出金光，其金光端無量化佛，諸化菩薩以為眷屬，安庠徐步，雨大寶華，至行者前，其象開口，於象牙上，諸池玉女鼓樂絃歌，其聲微妙，讚歎大乘一實之道。

「行者見已，歡喜敬禮，復更誦讀甚深經典，遍禮十方無量諸佛，禮多寶佛塔及釋迦牟尼，并禮普賢諸大菩薩，發是誓言：『若我宿福應見普賢，願尊遍吉，示我色身。』作是願已，晝夜六時禮十方佛，行懺悔法，誦大乘經，讀大乘經，思大乘義，念大乘事，恭敬供養持大乘者，視一切人猶如佛想，於諸衆生如父母想。

「作是念已，普賢菩薩即於眉間放大人相白毫光明，此光現時，普賢菩薩身相端嚴，如紫金山，端正微妙，三十二相皆悉備有，身諸毛孔放大光明，照其大象，令作金色，一切化象亦作金色，諸化菩薩亦作金色，其金色光照于東方無量世界，皆同金色，南西北方，四維上下，亦復如是。

「爾時，十方面一一方有一菩薩乘六牙白象王，亦如普賢等無有異。如是十方無量無邊滿中化象，普賢菩薩神通力故，令持經者皆悉得見。是時，行者見諸菩薩，身心歡喜，為其作禮，白言：『大慈大悲者，愍念我故，為我說法。』說是語時，諸菩薩等異口同音，各說清淨大乘經法，作諸偈頌讚歎行者，是名始觀普賢菩薩最初境界。

「爾時，行者見是事已，心念大乘，晝夜不捨，於睡眠中，夢見普賢為其說法，如覺無異，安慰其心而作是言：『汝所誦持，忘失是句，妄失是偈。』爾時，行者聞普賢菩薩所說，深解義趣，憶持不忘，日日如是，其心漸利。普賢菩薩教其憶念十方諸佛，隨普賢教，正心正意，漸以心眼見東方佛，身黃金色，端嚴微妙。見一佛已，復見一佛，如是漸漸，遍見東方一切諸佛，心*想利故，遍見十方一切諸佛。見諸佛已，心生歡喜而作是言：『因大乘故，得見大士，因大士力故，得見諸佛。雖見諸佛，猶未了了，閉目則見，開目則失。』作是語已，五體投地，遍禮十方佛。禮諸佛已，胡跪合掌而作是言：『諸佛世尊！十力、無畏、十八不共、大慈大悲、三念處，常在世間色中上色，我有何罪而不得見？』說是語已，復更懺悔。懺悔清淨已，普賢菩薩復更現前，行住坐臥不離其側，乃至夢中，常為說法；此人覺已，得法喜樂。如是晝夜，經三七日，然後方得旋陀羅尼。得陀羅尼故，諸佛菩薩所說妙法，憶持不失，亦常夢見過去七佛，唯釋迦牟尼佛為其說法，是諸世尊各各稱讚大乘經典。

「爾時，行者復更懺悔，遍禮十方佛；禮十方佛已，普賢菩薩住其人前，教說宿世一切業緣，發露黑惡一切罪事，向諸世尊口自發露。既發露已，尋時即得諸佛現前三昧；得三昧已，見東方阿閦佛及妙喜國，了了分明；如是十方，各見諸佛上妙國土，了了分明。既見十方佛已，夢象頭上有一金剛人，以金剛杵遍擬六根；擬六根已，普賢菩薩為於行者，說六根清淨懺悔之法。如是懺悔，一日至七日，以諸佛現前三昧力故，普賢菩薩說法莊嚴故，耳漸漸聞障外聲，眼漸漸見障外事，鼻漸漸聞障外香。

「廣說如妙法華經，得是六根清淨已，身心歡喜，無諸惡相，心純是法，與法相應，復更得百千萬億旋陀羅尼，復更廣見百千萬億無量諸佛。是諸世尊各伸右手摩行者頭，而作是言：『善哉！善哉！行大乘者、發大莊嚴心者、念大乘者，我等昔日發菩提心時，皆亦如汝慇懃不失。我等先世行大乘故，今成清淨正遍知身，汝今亦當勤修不懈。此大乘典，諸佛寶藏，十方三世諸佛眼目，出生三世諸如來種。持此經者，即持佛身，即行佛事，當知是人即是諸佛所使，諸佛世尊衣之所覆，諸佛如來真實法子。汝行大乘，不斷法種，汝今諦觀東方諸佛。』

「說是語時，行者即見東方一切無量世界，地平如掌，無諸堆阜、丘陵、荊棘，琉璃為地，黃金間*廁，十方世界亦復如是。見是地已，即見寶樹，寶樹高妙五千由旬，其樹常出黃金、白銀、七寶莊嚴，樹下自然有寶師子座，其師子座高二十由旬，座上亦出百寶光明。如是諸樹及餘寶座，一一寶座皆有自然五百白象，象上皆有普賢菩薩。

「爾時，行者禮諸普賢而作是言：『我有何罪，但見寶地寶座及與寶樹，不見諸佛？』作是語已，一一座上有一世尊，端嚴微妙而坐寶座。見諸佛已，心大歡喜，復更誦習大乘經典。大乘力故，空中有聲而讚歎言：『善哉！善哉！善男子！汝行大乘功德因緣，能見諸佛，今雖得見諸佛世尊，而不能見釋迦牟尼佛分身諸佛及多寶佛塔。』聞空中聲已，復勤誦習大乘經典，以誦大乘方等經故，即於夢中見釋迦牟尼佛與諸大眾在耆闍崛山，說法華經演一實義。*覺已懺悔，渴仰欲見，合掌胡跪向耆闍崛山而作是言：『如來世雄常在世間，愍念我故，為我現身。』

「作是語已，見耆闍崛山七寶莊嚴，無數比丘聲聞大眾，寶樹行列，寶地平正，復鋪妙寶師子之座。釋迦牟尼佛放眉間光，其光遍照十方世界，復過十方無量世界。此光至處，十方分身釋迦牟尼佛一時雲集，廣說如妙法華經。一一分身佛身紫金色，身量無邊，坐師子座，百億無量諸大菩薩以為眷屬，一一菩薩行同普賢，如此十方無量諸佛菩薩眷屬亦復如是。大眾集已，見釋迦牟尼佛舉身毛孔放金色光，一一光中有百億化佛，諸分身佛放眉間白毫大人相光，其光流入釋迦牟尼佛頂。見此相時，分身諸佛一切毛孔出金色光，一一光中，復有恒河*沙微塵數化佛。

「爾時，普賢菩薩復放眉間大人相光入行者心，既入心已，行者自憶過去無數百千佛所受持、讀誦大乘經典，自見故身，了了分明，如宿命通，等無有異，豁然大悟，得旋陀羅尼，百千萬億諸陀羅尼門。從三昧起，面見一切分身諸佛，眾寶樹下坐師子*座，復見琉璃地，*妙蓮華*叢從下方空中踊出，一一華間，有微塵數菩薩結加趺坐。亦見普賢分身菩薩，在彼眾中讚歎大乘。

「時，諸菩薩異口同音，教於行者清淨六根。或有說言：『汝當念佛！』或有說言：『汝當念法！』或有說言：『汝當念僧！』或有說言：『汝當念戒！』或有說言：『汝當念施！』或有說言：『汝當念天！』

「如此六法，是菩提心，生菩薩法，汝今應當於諸佛前發露先罪，至誠懺悔。於無量世，眼根因緣，貪著諸色，以著色故，貪愛諸塵；以愛塵故，受女人身，世世生處，惑著諸色。色壞汝眼，為恩愛奴，色使使汝經歷三界，為此弊使，盲無所見，今誦大乘方等經典，此經中說：十方諸佛色身不滅，汝今得見審實爾不？眼根不善，傷害汝多，隨順我語，歸向諸佛釋迦牟尼說：『汝眼根所有罪咎；諸佛菩薩慧明法水，願以洗除，令我清淨。』作是語已，遍禮十方佛，向釋迦牟尼佛大乘經典，復說是言：『我今所懺眼根重罪，障蔽穢濁，盲無所見。願佛大慈，哀愍覆護；普賢菩薩乘大法船，普度一切；十方無量諸菩薩伴，唯願慈哀，聽我悔過，眼根不善惡業障法。』如是三說，五體投地，正念大乘，心不忘捨，是名懺悔眼根罪法。

「稱諸佛名、燒香散華、發大乘意、懸繒幡蓋、說眼過患懺悔罪者，此人現世見釋迦牟尼佛及見分身無量諸佛，阿僧祇劫不墮惡道；大乘力故，大乘願故，恒與一切陀羅尼菩薩共為眷屬。作是念者，是為正念，若他念者，名為邪念，是名眼根初境界相。

「淨眼根已，復更誦讀大乘經典，晝夜六時，胡跪懺悔而作是言：『我今云何但見釋迦牟尼佛分身諸佛，不見多寶佛塔全身舍利？多寶佛塔恒在不滅，我濁惡眼，是故不見！』作是語已，復更懺悔，過七日已，多寶佛塔從地涌出，釋迦牟尼佛即以右手開其塔戶，見多寶佛入普現色身三昧，一一毛孔流出恒河沙微塵數光明，一一光明有百千萬億化佛。此相現時，行者歡喜，讚偈遶塔，滿七匝已，多寶如來出大音聲，讚言：『法子！汝今真實能行大乘，隨順普賢眼根懺悔，以是因緣，我至汝所，為汝證明。』說是語已，讚言：『善哉！善哉！釋迦牟尼佛能說大法，雨大法雨，成就濁惡諸衆生等。』

「是時，行者見多寶佛塔已，復至普賢菩薩所，合掌敬禮，白言：『大師教我悔過。』普賢復言：『汝於多劫，耳根因緣，隨逐外聲，聞妙音時，心生惑著；聞惡聲時，起八百種煩惱賊害。如此惡耳，報得惡事，恒聞惡聲，生諸攀緣；顛倒聽故，當墮惡道，邊地邪見不聞法處。汝於今日，誦持大乘功德海藏，以是緣故見十方佛，多寶佛塔現為汝證，汝應自當說己過惡，懺悔諸罪。』

「是時，行者聞是語已，復更合掌，五體投地而作是言：『正遍知世尊！現為我證方等經典，為慈悲主，唯願觀我聽我所說。我從多劫乃至今身，耳根因緣，聞聲惑著，如膠著草，聞諸惡時起煩惱毒，處處惑著，無暫停時。坐此竅聲勞我神識墜墮三塗，今始覺知，向諸世尊發露懺悔。』既懺悔已，見多寶佛放大光明，其光金色，遍照東方及十方界，無量諸佛身真金色，東方空中作是唱言：『此佛世尊號曰善德。』亦有無數分身諸佛坐寶樹下師子座上，結加趺坐。是諸世尊一切皆入普現色身三昧，皆作是讚言：『善哉！善哉！善男子！汝今讀誦大乘經典，汝所誦者是佛境界。』

「說是語已，普賢菩薩復更為說懺悔之法：『汝於前世無量劫中，以貪香故，分別諸識，處處貪著，墮落生死。汝今應當觀大乘因，大乘因者，諸法實相。』是聞是語已，五體投地，復更懺悔。既懺悔已，當作是語：『南無釋迦牟尼佛！南無多寶佛塔！南無十方釋迦牟尼佛分身諸佛！』作是語已，遍禮十方佛。南無東方善德佛及分身諸佛，如眼所見，一一心禮，香華供養。供養畢已，胡跪合掌，以種種偈讚歎諸佛。既讚歎已，說十惡業，懺悔諸罪。既懺悔已而作是言：

『我於先世無量劫時，貪香味觸，造作衆惡，以是因緣，無量世來，恒受地獄、餓鬼、畜生、邊地、邪見諸不善身，如此惡業今日發露，歸向諸佛正法之王，說罪懺悔。』

「既懺悔已，身心不懈，復更誦讀大乘經典。大乘力故，空中有聲，告言：『法子！汝今應當向十方佛讚說大乘，於諸佛前自說己過。諸佛如來是汝慈父，汝當自說舌根所作不善惡業：「此舌根者，動惡業相，妄言、綺語、惡口、兩舌、誹謗、妄語、讚歎邪見、說無益語，如是衆多諸雜惡業，搆鬪壞亂，法說非法，如是衆罪，今悉懺悔。」』

「諸世雄前，作是語已，五體投地，遍禮十方佛，合掌長跪，當作是語：『此舌過患無量無邊，諸惡業刺從舌根出，斷正法輪從此舌起，如此惡舌斷功德種，於非義中多端強說，讚歎邪見，如火益薪，猶如猛火，傷害衆生；如飲毒者，無瘡疣死，如此罪報惡邪不善，當墮惡道，百劫千劫，以妄語故，墮大地獄。我今歸向南方諸佛，發露黑惡。』

「作是念時，空中有聲：『南方有佛，名栴檀德，彼佛亦有無量分身，一切諸佛皆說大乘，除滅罪惡。如此衆罪，今向十方無量諸佛大悲世尊，發露黑惡，誠心懺悔。』說是語已，五體投地，復禮諸佛。是時，諸佛復放光明照行者身，令其身心自然歡喜，發大慈悲普念一切。

「爾時，諸佛廣為行者，說大慈悲及喜捨法，亦教愛語，修六和敬。爾時，行者聞此教勅，心大歡喜，復更誦習，終不懈息。空中復有微妙音聲，出如是言：『汝今應當身心懺悔。身者，殺盜婬。心者，念諸不善，造十惡業及五無間；猶如猨猴，亦如黐膠，處處貪著，遍至一切六情根中。此六根業枝條華葉，悉滿三界二十五有一切生處，亦能增長無明、老死十二苦事，八邪八難無不經中。汝今應當懺悔如是惡不善業。』爾時，行者聞此語已，問空中聲：『我今何處行懺悔法？』時，空中聲即說是語：『釋迦牟尼名毘盧遮那遍一切處，其佛住處名常寂光，常波羅蜜所攝成處，我波羅蜜所安立處，淨波羅蜜滅有相處，樂波羅蜜不住身心相處，不見有無諸法相處，如寂解脫，乃至般若波羅蜜，是色常住法故，如是應當觀十方佛。』

「時，十方佛各伸右手，摩行者頭，作如是言：『善哉！善哉！善男子！汝誦讀大乘經故，十方諸佛說懺悔法菩薩所行，不斷結使，不住使海，觀心無心，從顛倒想起，如此想心，從妄想起，如空中風無依止處，如是法相不生不滅，何者是罪？何者是福？我心自空，罪福無主，一切法如是，無住無壞，如是懺悔，觀心無心，法不住法中，諸法解脫滅諦寂靜，如是想者，名大懺悔，名莊嚴懺悔，名無罪相懺悔，名破壞心識◎懺悔☆。行此懺悔者，身心清淨，不住法中；猶如流水，念念之中，得見普賢菩薩及十方佛。』時，諸世尊以大悲光明，為於行者說無相法，行者聞說第一義空。行者聞已，心不驚怖，應時即入菩薩正位。」

佛告阿難：「如是行者名為懺悔。此懺悔者，十方諸佛諸大菩薩所懺悔法。」

佛告阿難：「佛滅度後，佛諸弟子，若有懺悔惡不善業，但當誦讀大乘經典。此方等經是諸佛眼，諸佛因是得具五眼，佛三種身從方等生，是大法印*般涅槃海。如此海中，能生三種佛清淨身，此三種身，人天福田應供中最。其有誦讀大方等典，當知此人具佛功德，諸惡永滅，從佛慧生。」

爾時，世尊而說偈言：

若有眼根惡，　業障眼不淨，　但當誦大乘，　思念第一義。
是名懺悔眼，　盡諸不善業。　耳根聞亂聲，　壞亂和合義，
由是起狂亂，　猶如癡猨猴。　但當誦大乘，　觀法空無相，
永盡一切惡，　天耳聞十方。　鼻根著諸香，　隨染起諸觸，
如此狂惑鼻，　隨染生諸塵。　若誦大乘經，　觀法如實際，
永離諸惡業，　後世不復生。　舌根起五種，　惡口不善業，
若欲自調順，　應勤修慈心，　思法真寂義，　無諸分別相。
心根如猨猴，　無有暫停時，　若欲折伏者，　當勤誦大乘。
念佛大覺身，　力無畏所成，　身為機關主，　如塵隨風轉，
六賊遊戲中，　自在無罣礙。　若欲滅此惡，　永離諸塵勞，
常處涅槃城，　安樂心恬怕，　當誦大乘經，　念諸菩薩母，

無量勝方便，從思實相得。如此等六法，名為六情根，
一切業障海，皆從妄想生。若欲懺悔者，端坐念實相，
衆罪如霜露，慧日能消除，是故應至心，懺悔六情根。

說是偈已，佛告阿難：「汝今持是懺悔六根，觀普賢菩薩法，普為十方諸天世人，廣分別說。佛滅度後，佛諸弟子，若有受持、讀誦、解說方等經典，應於靜處，若在塚間，若林樹下，阿練若處，誦讀方等，思大乘義。念力強故，得見我身及多寶佛塔，十方分身無量諸佛。普賢菩薩、文殊師利菩薩、藥王菩薩、藥上菩薩恭敬法故，持諸妙華住立空中，讚歎恭敬行持法者。但誦大乘方等經故，諸佛菩薩晝夜供養是持法者。」

佛告阿難：「我與賢劫諸菩薩及十方諸佛，因思大乘真實義故，除卻百萬億億劫阿僧祇數生死之罪，因此勝妙懺悔法故，今於十方各得為佛。若欲疾成阿耨多羅三藐三菩提者，若欲現身見十方佛及普賢菩薩，當淨澡浴，著淨潔衣，燒衆名香，在空閑處，應當誦讀大乘經典，思大乘義。」

佛告阿難：「若有眾生欲觀普賢菩薩者，當作是觀；作是觀者，是名正觀，若他觀者，是名邪觀。佛滅度後，佛諸弟子，隨順佛語行懺悔者，當知是人行普賢行；行普賢行者，不見惡相及惡業報。其有眾生，晝夜六時禮十方佛，誦大乘經，思第一義甚深空法，一彈指頃，除去百萬億億阿僧祇劫生死之罪。行此行者，真是佛子，從諸佛生，十方諸佛及諸菩薩為其和*尚，是名具足菩薩戒者，不須羯磨自然成就，應受一切人天供養。

「爾時，行者若欲具足菩薩戒者，應當合掌在空閑處，遍禮十方佛，懺悔諸罪，自說己過，然後靜處，白十方佛而作是言：『諸佛世尊常住在世，我業障故，雖信方等，見佛不了。今歸依佛，唯願釋迦牟尼正遍知世尊，為我和*尚，文殊師利具大慧者，願以智慧，授我清淨諸菩薩法，彌勒菩薩勝大慈日，憐愍我故，亦應聽我受菩薩法。十方諸佛現為我證，諸大菩薩各稱其名，是勝大士覆護眾生，助護我等今日受持方等經典，乃至失命，設墮地獄受無量苦，終不毀謗諸佛正法。以是因緣功德力故，今釋迦牟尼佛為我和*尚，文殊師利為我阿闍黎，當來彌勒願授我法，十方諸佛願證知我，大德諸菩薩願為我伴，我今依大乘經甚深妙義，歸依佛、歸依法、歸依僧。』

「如是三說，歸依三寶已，次當自誓受六重法。受六重法已，次當勤修無礙梵行，發廣濟心，受八重法。立此誓已，於空閑處，燒眾名香散華，供養一切諸佛及諸菩薩大乘方等，而作是言：『我於今日發菩提心，以此功德普度一切。』作是語已，復更頂禮一切諸佛及諸菩薩，思方等義，一日乃至三七日，若出家、在家，不須和*尚，不用諸師，不白羯磨。受持、讀誦大乘經典力故，普賢菩薩勸發行故，是十方諸佛正法眼目，因由是法，自然成就五分法身：戒、定、慧解脫、解脫知見；諸佛如來從此法生，於大乘經得受記別。

「是故智者，若聲聞毀破三歸及五戒、八戒、比丘戒、比丘尼戒、沙彌戒、沙彌尼戒、式叉摩尼戒及諸威儀，愚癡不善惡邪心故，多犯諸戒及威儀法，若欲除滅，令無過患，還為比丘，具沙門法，當勤修讀方等經典，思第一義甚深空法，令此空慧與心相應，當知此人於念念頃，一切罪垢永盡無餘，是名具足沙門法式，具諸威儀，應受人天一切供養。

「若優婆塞犯諸威儀，作不善事。不善事者，所謂：說佛法過惡，論說四衆所犯惡事，偷盜婬泆無有慚愧。若欲懺悔滅諸罪者，當勤讀誦方等經典，思第一義。若王者、大臣、婆羅門、居士、長者、宰官是諸人等，貪求無厭，作五逆罪，謗方等經，具十惡業，是大惡報，應墮惡道過於暴雨，必定當墮阿鼻地獄。若欲除滅此業障者，應生慚愧，改悔諸罪。

「云何名剎利居士懺悔法？懺悔法者，但當正心，不謗三寶，不障出家，不為梵行人作惡留難，應當繫念修六念法，亦當供給供養持大乘者，不必禮拜，應當憶念甚深經法第一義空。思是法者，是名剎利居士修第一懺悔。第二懺悔者，孝養父母，恭敬師長，是名修第二懺悔①。第三懺悔者，正法治國，不邪枉人民，是名修第三懺悔。第四懺悔者，於六齋日，勅諸境內力所及處，令行不殺，修如此法，是名修第四懺悔。第五懺悔者，但當深信因果，信一實道，知佛不滅，是名修第五懺悔。」

佛告阿難：「於未來世，若有修習如此懺悔法，當知此人著慚愧服，諸佛護助，不久當成阿耨多羅三藐三菩提。」

說是語時，十千天子得法眼淨，彌勒菩薩等諸大菩薩及以阿難，聞佛所說，歡喜奉行。

佛說觀普賢菩薩行法經

佛說普賢菩薩陀羅尼經

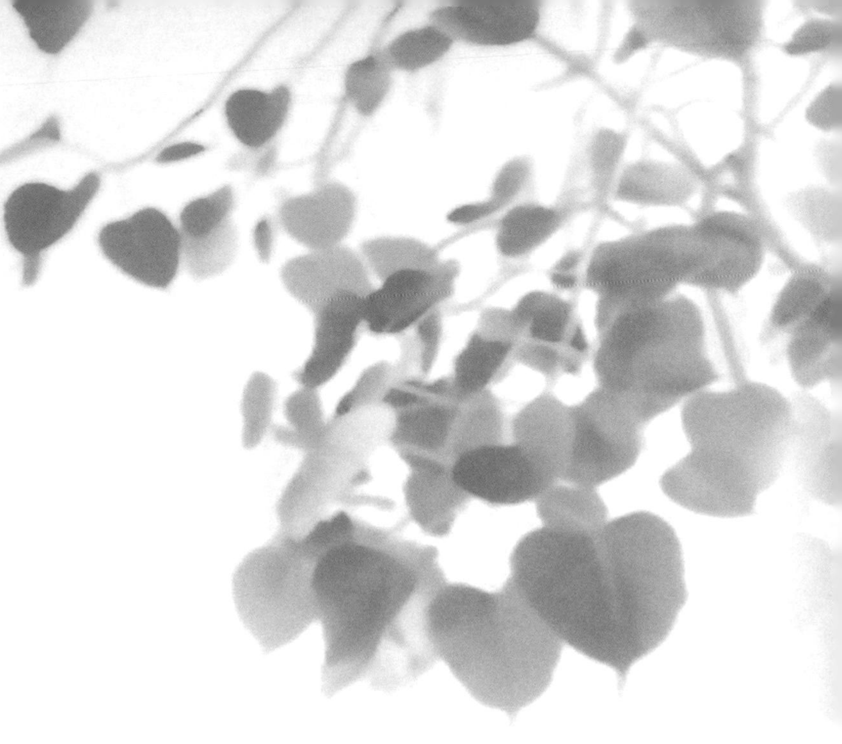

佛說普賢菩薩陀羅尼經

西天譯經三藏朝散大夫試鴻臚
少卿傳教大師臣法天奉　詔譯

歸依普遍虛空界，三世清淨平等因，性等法光正覺道，變化人天利樂身。
示居十地自在位，行大施願度衆生，功德相嚴名普賢，今說真言祕密教。

爾時，普賢菩薩摩訶薩欲現廣大變化而入三摩地，名三界大自在；入此三摩地已，從清淨虛空界，現無數身猶如塵沙，普遍大千一切世界。

爾時，一切佛刹所有一切如來，舒其右手，摩普賢菩薩摩訶薩頂，讚言：「善哉！善哉！佛子！汝今當說一切佛母最上陀羅尼法。」

爾時，普賢菩薩身放千光，普照十方，一切佛刹悉皆震動，即說陀羅尼：

怛儞也(二合)他(引)唵(引)曩謨(引)曩摩娑怛嚩(二合)部嚩儞(引)濕嚩(二合)囉摩賀(引)部(引)誐(引)野阿三摩三摩阿彌哆娑摩阿難陀娑摩誐誐曩娑摩怛里(二合)婆嚩娑摩(引)尾(引)沙娑摩波囉摩(引)囉他(二合)娑摩娑嚩(二合)婆(引)嚩娑摩怛他(引)誐哆娑摩阿囉惹娑摩輸弟娑摩沒馱娑摩達里摩(二合)怛他(引)誐哆(引)娑摩僧賀尾沙摩娑摩曀迦曩野娑(引)誐囉尾輸馱(引)路(引)迦呬呬羅沒馱(二合)羅沒馱(二合)尾惹野尾惹野暗(引)鉢囉(二合)設訖哆(二合)曩野(引)曩野憾啷囉(引)地瑟吒(二合)曩三部(引)誐暗娑曩(引)羅野(引)羅野達里摩(二合引)誐囉(二合)馱囉馱囉惹野惹野吽吽馱摩馱摩娑嚩(二合引)賀(引)

爾時，普賢菩薩摩訶薩說此陀羅尼已，佛即觀彼菩薩之身，是過去先佛，為悲*愍一切衆生現變化身，滿於三界諸世間中。

爾時，諸大菩薩及天、人、阿修羅等，從一切金剛峰起，離自金寶莊嚴大富貴座，來菩薩前，而自唱言：「南無大慈大悲無邊大功德海最上成佛大陀羅尼法，善能饒益過去、未來、現在三界無數衆生，令得安住大法之位。」

佛言：「若人聞此大陀羅尼法，經無邊劫所作之罪，皆悉除滅，亦能枯竭煩惱大海，摧壞我見高山。譬如有人見百千佛，經無邊劫所作善根，亦不能及此真言功德。此大陀羅尼，是一切如來心圓滿大功德海，而能出生菩提智種，成就一切智地，而諸佛法皆不能及。此大陀羅尼名號，假使百千那由他俱胝劫，亦難得聞。

「若有人於此經典，受持讀誦、恭敬供養，彼等衆生善解總持，能活慧命住如來位，成就一切功德。若有人讀誦此經，一遍、二遍乃至三遍，彼人得最上功德，能滅一切罪，能斷一切煩惱，復得值遇諸佛如來，不受一切憂愁苦惱。若於寂靜之處獨樹之下，一心持誦，彼人獲得一切成就之法，衆所愛敬。

「若有人於大林野，結跏趺坐，誦此經典滿於七*徧，彼人不久得大禪定，斷一切煩惱，復得普賢菩薩結跏趺坐而現於前。若人隨自力分，以香華供養，誦此陀羅尼，乃至困臥睡眠，於其夢中，見普賢菩薩舒其右手，放法光明灌照身心，作如是言：『善哉！善哉！佛子！如來大曼拏羅，轉身而得大菩薩位，身心安樂，具大福德智慧，常得見於普賢菩薩摩訶薩。』

「若人以慈悲心，為一切衆生讀誦此經，彼人得十波羅蜜圓滿，滅除一切煩惱罪垢。復得天人衛護，如來讚言：『佛子！汝若依行，不久當入普賢之地。』」

佛說普賢菩薩陀羅尼經

佛經即生活，生活即佛經，
圓滿覺悟諸佛菩薩的生命境界！

如是
我聞

佛菩薩經典30

普賢菩薩經典

主　　編　洪啓嵩
執行編輯　全佛編輯部
封面設計　張育甄
出　　版　全佛文化事業有限公司
訂購專線：(02)2913-2199
傳真專線：(02)2913-3693
發行專線：(02)2219-0898
匯款帳號：3199717004240　合作金庫銀行大坪林分行
戶　　名：全佛文化事業有限公司
E-mail:buddhall@ms7.hinet.net
http://www.buddhall.com
門　　市　新北市新店區民權路108-3號10樓
門市專線：(02)2219-8189
行銷代理　紅螞蟻圖書有限公司
台北市內湖區舊宗路二段121巷19號（紅螞蟻資訊大樓）
電話：(02)2795-3656　傳眞：(02)2795-4100
初　　版　一九九五年十二月
二版一刷　二〇二一年五月
定　　價　新台幣二六〇元
ISBN 978-986-98930-9-1

BuddhAll

Published by BuddhAll Cultural Enterprise Co.,Ltd.

國家圖書館出版品預行編目資料

普賢菩薩經典 / 洪啟嵩主編 --二版.--
新北市：全佛文化, 2021.05
面；　公分. －（佛菩薩經典系列；3）

ISBN 978-986-98930-9-1(平裝)

1.華嚴部
221.2　　　　110005638

BuddhAll

BuddhAll.

All is Buddha.

BuddhAll